中国智慧教育发展报告｜（2022）

迈向智慧教育的中国教育数字化转型

中国教育科学研究院　著

教育科学出版社
·北京·

出 版 人　郑豪杰
责任编辑　翁绮睿　王　瑞
版式设计　杨玲玲
责任校对　翁婷婷
责任印制　叶小峰

图书在版编目（CIP）数据

中国智慧教育发展报告.2022：迈向智慧教育的中
国教育数字化转型／中国教育科学研究院著.— 北京：
教育科学出版社，2023.2（2023.10 重印）
　　ISBN 978-7-5191-3364-1

Ⅰ.①中… Ⅱ.①中… Ⅲ.①教育工作－信息化－研
究报告－中国－2022 Ⅳ.① G43

中国国家版本馆 CIP 数据核字 (2023) 第 008924 号

中国智慧教育发展报告（2022）：迈向智慧教育的中国教育数字化转型
ZHONGGUO ZHIHUI JIAOYU FAZHAN BAOGAO（2022）：MAIXIANG ZHIHUI JIAOYU
DE ZHONGGUO JIAOYU SHUZIHUA ZHUANXING

出 版 发 行	教育科学出版社		
社　　　址	北京·朝阳区安慧北里安园甲 9 号	邮　　编	100101
总编室电话	010-64981290	编辑部电话	010-64981167
出版部电话	010-64989487	市场部电话	010-64989009
传　　真	010-64891796	网　　址	http://www.esph.com.cn
经　　销	各地新华书店		
制　　作	宗沅书装		
印　　刷	保定市中画美凯印刷有限公司		
开　　本	890 毫米 ×1240 毫米　1/16	版　　次	2023 年 2 月第 1 版
印　　张	11.75	印　　次	2023 年 10 月第 3 次印刷
字　　数	130 千	定　　价	69.00 元

序　言

进入数字时代，工业时代教育形态已无法适应社会发展。推进教育数字化转型、探索智慧教育，受到世界各国共同关注。

2022 年，中国启动国家教育数字化战略行动，建成国家智慧教育公共服务平台，建成第一大教育教学资源库，平台总浏览量超过 67 亿次，用户覆盖 200 多个国家和地区，在支撑抗疫"停课不停学"、缩小数字鸿沟等方面发挥了重要作用，率先开启了迈向智慧教育之路。

作为国家教育智库，中国教育科学研究院瞄准智慧教育，汇聚国内外实践和研究成果，广泛征求各方意见，凝聚共识形成了《中国智慧教育蓝皮书（2022）》及"1+3"发展指数报告，并在教育部、中国联合国教科文组织全国委员会共同举办的首届世界数字教育大会上向海内外公开发布。

本书在《中国智慧教育蓝皮书（2022）》及"1+3"发展指数报告基础上提炼统筹而成，首度系统总结中国智慧教育发展进程，深度阐释迈向智慧教育的中国教育数字化转型。本书内容以智慧教育内涵阐释为主线，从环境、教学、治理、人才四维度提出 16 个具体特征，总结中国智慧教育发展经验，向世界发出未来应重点关注的七个议题和五项倡议。进一步，本书立足"智慧教育发展处于起步阶段"的客观实际，探索建立了由 4 个一级维度、12 个二级维度构成的评价指标体系，尝试对中国智慧教育发展水平进行量化评估，并分领域形成了基础教育、职业教育、高等教育 3 个分报告，为有效推进智慧教育提供参考。

理论和实践都证明，中国智慧教育发展具有坚实基础和鲜明特色，即注重以人为本、办人民满意教育的价值引领，注重有教无类、因材施教、知行合一等中华传统教育思想的传承发展，注重自上而下宏观规划推进和自下而上生态构建的系统建设。

中国超大规模的教育数字化应用实践，必将为人类追求教育公平、发展高质量教育的探索做出历史性贡献，为数字时代的世界教育发展贡献中国智慧与力量。

目　录

下篇 | 监测与评价

上篇
理念与实践

第一章

中国智慧教育的
概念框架

人类文明的发展史，是一部科技创新史，也是一部教育改革发展史。现代教育体系诞生于工业化进程中，带有明显的规模化、标准化、专业化特征。数字时代的到来，使得适应工业社会的班级教学模式面临挑战。主动推进教育数字化转型、发展智慧教育，是应对时代之变的战略选择，是推进教育现代化的重要内容。

一、智慧教育的内涵与特征

（一）智慧教育的内涵

智慧教育是数字时代的教育新形态，与工业时代教育形态有着质的差别。

智慧教育是教育数字化转型的重要目标，是未来的教育发展方向。在遵循教育规律和人才成长规律基础上，智慧教育通过现代科技全面融入赋能、驱动引领，推动实现个人发展和社会发展的全面高度统一，为每个学习者提供适合的教育，为社会发展提供系统性人才支撑；致力于建设人人皆学、处处能学、时时可学的高质量个性化终身学习体系；重塑教育内容，围绕发展素质教育，培养学习者高阶思维能力、综合创新能力、终身学习能力；融合物理空间、社会空间和数字空间，创新教育教学场景，促进人技融合，建构教与学新范式；以数据治理为核心、数智技术为驱动，优化再造流程，推进教育治理体系和治理能力现代化，提升教育的效率、效果和效益。

当前智慧教育发展还处于起步阶段，主要表现为教育资源的跨时空共享、教育者和学习者的跨时空互动，已在促进区域教育均衡、抬升底部教育质量、提高师生数字素养与技能等方面显现初步效果。放眼未来，从资源共享到教学范式创新、从师生关系重构到教育流程再造、从人才培养质量提升到全社会知识资本深度开发，智慧教育将全方位赋能传统教育变革，整体性推进教育数字化转型，革命性重塑教学新范式，系统性建构教育与社会关系新生态。

中国智慧教育发展具有坚实基础和鲜明特色。一是注重以人为本、办人民满意教育的价值引领。二是注重有教无类、因材施教、知行合一等中华优秀传统教育思想的传承发展。三是注重自上而下宏观推进和自下而上生态建设的有机结合。

（二）智慧教育的特征

智慧教育通过教育环境数字化、课程教学个性化、教育治理精准化（见图1-1），构建面向人人、适合人人、更加开放灵活的高质量教育体系，培养更具价值信念、数字素养、创新能力、终身学习能力的时代新人。

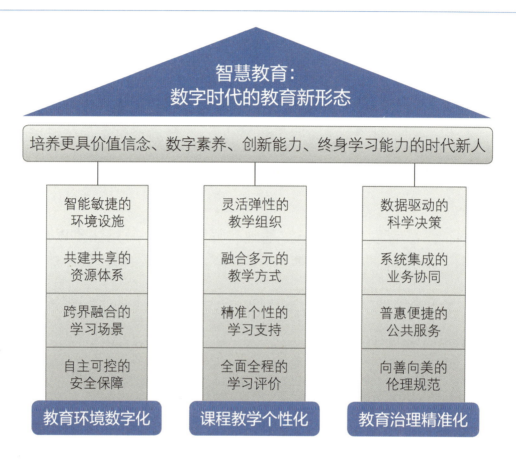

图1-1　智慧教育支柱图

1. 教育环境：泛在智能的学习空间

智能敏捷的环境设施。通过云网融合，构建万物互联、虚实结合的教育基础设施体系，构成全面感知、泛在链接、深度交互的网络学习空间。智能校园、智能教学场所建设不断加强，智能学习终端实现规模化部署，能够满足多样化教学和个性化学习需要。

共建共享的资源体系。依托互联互通、应用齐备、协同服务的一体化智慧教育平台，实现各级各类教育资源平台融合发展。健全完善资源开发、动态更新、社会汇聚机制，形成多类型、体系化、高质量的数字教育资源体系。

跨界融合的学习场景。通过学校教育场景与网络学习场景、社会实践场景的有机结合，形成虚实融合、校内校外贯通衔接的良好生态。构建数字认证体系，实现各类学习成果广泛互认和自由转换，支持学习者开展随时随地、贯穿终身的学习。

自主可控的安全保障。建立教育网络安全和学生身心健康安全长效机制，形成可持续的网络安全防护体系，实现对教育数据全周期的安全管理与分类分级保护。网络安全审核措施不断完善，新技术新应用的评估与日常监管持续开展，防范化解重大教育网络安全风险能力不断增强。

2. 课程教学：普遍适切的因材施教

灵活弹性的教学组织。利用数字技术创新教学组织方式，灵活设置课程主题和学习计划，开展跨区域、跨学校、跨学科、跨时空的教学活动。建立突破时空边界的教学共同体，支持优质教师资源线上流转共享，实现校际协同、校企联动与校地合作，提高学校家庭社会协同育人质量。

融合多元的教学方式。全面提升教师素养，实施以学习者为中心线上线下融合教学，创新课堂形态，促进深度学习。广泛实施项目式、探究式、体验式、合作式教学，推动教学流程再造。依托虚拟教师、智能导师等，构建新型双师课堂。

精准个性的学习支持。开展数据驱动的学情分析和精准诊断，基于系统化的知识逻辑关系建立知识图谱，精准推送学习资源，在规模化教育的基础上实现以学习者为中心的个性化学习，满足学习者多层次、多样化需求。

全面全程的学习评价。利用学习分析技术和伴随式数据采集，实现对学习者学习成长状态的动态评估和诊断反馈，深入开展德智体美劳全要素和全过程评价，提高教育评价的科学性、专业性、客观性。

3. 教育治理：精准智能的管理服务

数据驱动的科学决策。建设应用教育大数据，强化数据挖掘与分析，动态掌握教育改革发展态势，增强对教育的预测和诊断能力，提高教育决策科学化水平。构建人机协同的群智决策系统，助力政府、学校、社会多元协同治理。

系统集成的业务协同。通过数字技术优化教育业务流程，整合各类教育管理系统，创新督导评估方式，广泛开展网络教研，支撑教育业务统筹管理。完善跨地区、跨部门、跨层级数据交换和业务协同，实现全链条智能监管。

普惠便捷的公共服务。运用数字技术构建一体化教育公共服务体系，实行教育服务事项集成化办理，形成掌上办事服务新模式，推动"一网通办"迈向"一网好办"，让教育发展成果更多、更公平惠及全体人民。

向善向美的伦理规范。秉持科技向善、技术应用符合教育规律和学习者身心发展规律的原则，健全完善教育数据治理机制，充分尊重和保护师生隐私权和信息知情权，增强算法规则的透明度，构建可信的人工智能体系，保障师生拥有充分自主决策权。

4. 人才素养：变革创新的时代新人

扎根时代的价值信念。发挥数字技术优势，以社会主义核心价值观为基础，树立中国特色社会主义理想信念，形成对中华民族伟大复兴、构建人类命运共同体的价值认同与责任担当。尊重文化差异，提升跨文化理解能力，丰富精神世界，增强精神力量。

适应时代的数字素养。熟练运用数字技术开展学习活动、参与社会实践，具备良好的数据意识、计算思维、合作学习能力、网络安全意识、社会情感素养等，自觉遵守智慧社会伦理，提升数字胜任力，更好适应数字时代。

主动变革的创新能力。具备创新意识、科学精神和批判性思维，善于发现和提出问题，合理制定方案并创造性地解决问题。能够利用数字技术激发思想创意，将创意转化为物质成果或实现对已有方案的优化改进。

贯穿终身的学习能力。具备良好意志品质，始终保持学习动力，能够根据自身成长和发展需要制定终身学习规划，有效管理自身学习过程。持续开展自主评价反思，及时主动更新知识观念，不断升级思维模式，在实践行动中完善发展自我、成就精彩人生。

二、智慧教育发展指数

（一）构建依据

1. 智慧教育内涵特征

本书提出智慧教育是数字时代的教育新形态，是教育数字化转型的重要目标，是未来的教育发展方向。在遵循教育规律和人才成长规律基础上，智慧教育通过现代科技全面融入赋能、驱动引领，推动实现个人发展和社会发展的全面高度统一，为每个学习者提供适合的教育，为社会发展提供系统性人才支撑；致力于建设人人皆学、处处能学、时时可学的高质量个性化终身学习体系；重塑教育内容，围绕发展素质教育，培养学习者高阶思维能力、综合创新能力、终身学习能力；融合物理空间、社会空间和数字空间，创新教育教学场景，促进人技融合，建构教与学新范式；以数据治理为核心、数智技术为驱动，优化再造流程，推进教育治理体系和治理能力现代化，提升教育的效率、效果和效益。上述内容是构建智慧教育发展指数的重要理论基石。

2. 中国教育信息化的生动实践经验

多年以来，中国采取了一系列有力重大措施，整体推进教育信息化基础应用环境建设，构建覆盖各级各类教育的资源开发应用体系，加强与数字时代相适应的教师队伍建设，建立健全教育管理信息化体系，成立各级各类教育信息化和智慧教育示范区，大力实施国家教育数字化战略行动等，积累了丰富而生动的实践经验。上述丰富实践获取的成果成为构建智慧教育发展指数的现实基础。

3. 教育数字化监测与评价的国际经验

国际社会对教育数字化监测与评价非常关注，相应成果日益丰硕。世界银行、联合国教科文组织、经济合作与发展组织、国际电信联盟等国际组织数据库均收纳了相关指标数据。世界经济论坛《全球竞争力报告》、欧盟委员会《数字经济与社会指数》、经济合作与发展组织《教育概览》等一系列具有重要影响力的国际研究报告，以及教与学国际调查（Teaching and Learning International Survey，TALIS）、国际计算机和信息素养研究（International Computer and Information Literacy Study，ICILS）、数字终身学习准备指数（Index of Readiness for Digital Lifelong Learning，IRDLL）、全球教育未来指数（Worldwide Educating for the Future Index，

WEFFI）等具备较高国际号召力的研究项目都研制并使用了相应指标。此外，美国、加拿大、澳大利亚等教育发达国家制定的一系列教育信息化评价指标体系也值得参考。大量的国际研究成果极大拓展了智慧教育发展指数设计的国际视野。

（二）构建原则

1. 目的性原则

智慧教育发展指数旨在客观描述发展现状、评估发展水平、诊断现实问题、研判相关对策与未来趋势、引领发展方向，为推动智慧教育高质量发展提供有力支撑。

2. 科学性原则

智慧教育发展指数必须科学体现全球智慧教育发展最广泛的理念共识，充分反映世界范围内智慧教育发展的共性要求，同时客观体现中国当前教育发展的各项重要规划与具体政策措施的关注点，为全面引领智慧教育健康有序发展提供评价标准框架。所有评价维度与指标内涵均严格遵循并力求准确体现智慧教育的内涵特征。

3. 系统性原则

智慧教育是包含教育者、受教育者、教育资源、办学条件、教育环境、教育制度等众多要素的复杂系统。智慧教育发展指数应充分体现智慧教育要素的内在逻辑，考虑各要素之间相互依赖和制约的关系，处理好指标之间的逻辑与层次，以综合反映智慧教育的发展水平。

4. 可行性原则

智慧教育发展指数是对智慧教育发展进行客观量化评价及比较分析

的重要工具，指数的研制设计必须立足于可以测量、能够获取的数据。所有指标的设计与确定均以可靠、可信、可采的真实数据为基础。

5. 引领性原则

智慧教育发展指数不仅是对智慧教育现实情况的反映，而且肩负着引领智慧教育未来发展的作用。其指标设计一方面要考虑对智慧教育发展实际情况的评判，另一方面需根据智慧教育发展趋势，研制智慧教育引领性指标，推动智慧教育高质量发展。

（三）指标体系

智慧教育发展指数基于智慧教育发展评价指标体系计算得到。智慧教育发展评价指标体系是联结智慧教育理论与实践应用的桥梁，是衡量智慧教育发展水平的标尺，是引领和指导智慧教育发展的重要工具。

智慧教育发展评价指标体系以核心指标模式作为设计思路，在充分体现智慧教育内涵特征的基础上，由基础环境、教学实施、教育治理、人才素养4个一级维度，设施设备、数字教育资源等12个二级维度，共计32个指标构成（见表1-1）。各指标数据具体信息见"附录一：中国智慧教育发展指数指标说明"。

表1-1 智慧教育发展评价指标体系

一级维度	二级维度	评价指标
基础环境	设施设备	接入互联网的学校比例（%）
		无线网络全覆盖的学校比例（%）
		网络多媒体教室占教室总数的比例（%）
		师均教学用数字终端数（台/人）
	数字教育资源	人均公共数字教育资源量（条/人）
		每百名学生数字化课程资源量（课时/百人）
		公共数字教育资源覆盖率（%）
	网络学习空间	开通网络学习空间的教师比例（%）
		开通网络学习空间的学生比例（%）
教学实施	教师数字素养	教师数字素养合格率（%）
	资源交互应用	公共数字教育资源有效使用率（%）
		数字化课程资源有效使用率（%）
		公共数字教育平台用户活跃度（次/人）
		公共数字教育资源推送触达率（%）
	教学形式变革	混合式教学普及率（%）
		网络研修普及率（%）
		在线个性化学习普及率（%）
		利用在线视频学习的网络用户比例（%）
	教学评价数字转型	数字化过程评价普及率（%）
		智能化评价普及率（%）

续表

一级维度	二级维度	评价指标
教育治理	数据基座	教育基础数据的覆盖率（%）
		教育基础数据的共享率（%）
	治理水平	教育一体化在线管理服务的普及率（%）
		数字化教育督导普及率（%）
		建立信息化工作和管理制度的学校比例（%）
		开展管理信息基础数据应用的学校比例（%）
	网络与数据安全	具备网络安全管理制度的学校比例（%）
人才素养	学生数字素养	学生数字素养合格率（%）
		数字化相关学科毕业生比例（%）
		学生终身学习能力水平
	劳动者数字技能	数字化人力资本水平
		经济活动人口的数字技能水平

（四）测算方法

1. 数据来源

中国智慧教育发展指数的测算数据主要来自教育部发展规划司、科学技术与信息化司、基础教育司、职业教育与成人教育司、高等教育司、教师工作司、高校学生司，教育部高等学校科学研究发展中心，教育部教育技术与资源发展中心，教育部教育质量评估中心，高等教育出版社，教育部教育信息化战略研究基地（华中）等有关司局、单位，以及《数字经济与社会指数》《2019 年全球竞争力报告》《2022 年全球数字概览报告》等报告。

2. 指标计算

为便于对不同评价指标进行更科学的比较，避免不同指标单位及数值范围差异的影响，在计算中国智慧教育发展指数前，对评价指标的数据采用极值法进行无量纲归一化处理，基本公式为：

$$Y = \frac{X - X_{\min}}{X_{\max} - X_{\min}}$$

其中，Y 表示评价指标的归一化值，X 为该评价指标的原始值，$X_{\min}$ 表示该评价指标的最小值，$X_{\max}$ 表示该评价指标的最大值，最大值与最小值的取值参考实际数据情况与理论值。归一化后各评价指标的结果分布区间为 $[0,1]$。

3. 权重确定

基于各级评价指标数据合成指数时，需要考虑各级评价指标数据的权重。有关各级评价指标数据权重的设置，参照国际相关指数计算方案，采用等权法。

4. 指数合成

中国智慧教育发展指数 $SEDI$ 和一级维度指数 DDI_i 的计算公式为：

$$SEDI = \sum_{i=1}^{4} w \cdot DDI_i$$

$$DDI_i = \sum_{j=1}^{n_i} \frac{1}{n_i} \cdot Z_{ij}$$

式中，w 为一级维度所占的权重，$w = \dfrac{1}{4}$，n_i 为智慧教育发展评价指标体系中第 i 个一级维度下的二级维度个数，Z_{ij} 为第 i 个一级维度下第 j 个二级维度的数值。

二级维度指数参照一级维度指数公式计算。

5. 数据缺失与处理

在中国智慧教育发展指数合成过程中，对于数据暂不可收集但有替代性指标数据的指标，采用替代性指标数据参与指数计算；对于数据暂不可收集且无替代性指标数据的指标，不纳入指数计算；对于有数据但暂无理论最优值，无法进行归一化处理的指标，不纳入指数计算；对于数据有部分缺失的指标，用现有数据参与指数计算。

第二章

中国智慧教育的
变革实践

21 世纪以来，中国紧扣时代脉搏和现实国情，重视信息技术对教育的革命性影响，通过基础设施建设、技术改造升级、教学融合应用、思想认识深化，着力推动教育现代化。通过教育数字化转型，开启智慧教育创新与实践之路。

一、实践演进

近 20 年来，中国教育总体上经历了教育信息化 1.0 和教育信息化 2.0 阶段，为智慧教育的发展奠定了坚实基础。2022 年 1 月，以启动实施国家教育数字化战略行动为标志，中国的智慧教育发展揭开了历史新篇章。

（一）教育信息化 1.0

20 世纪 70 年代末，中国教育信息化从电化教育起步。新世纪初至 2017 年，中国教育信息化进程加快，信息技术对教育的影响逐步加大，带动了教育观念的提升和教育手段的创新。

中国通过实施一系列教育信息化重大政策与工程，基本形成覆盖全国的信息化基础设施体系，实现信息技术与教育教学融合。中国相继颁布《教育部关于在中小学实施"校校通"工程的通知》《国家中长期教育改革和发展规划纲要（2010—2020 年）》《教育信息化十年发展规划（2011—2020 年）》《关于积极推进"互联网＋"行动的指导意见》《教育信息化"十三五"规划》等文件，着力推动教育信息化发展。

在基础设施建设方面，实施"校校通"工程[①]、"农村中小学现代远程教育工程"、"三通两平台"[②]、"教学点数字教育资源全覆盖"、"数字校园建设"等重点行动。各级各类学校加快接入互联网并逐步配备信息化终端设备，信息化基础环境不断完善。

在教学应用方面，开展"一师一优课、一课一名师"[③]、教师信息技术应用能力提升、国家级精品资源共享课建设、国家级精品视频公开课建设、高等职业教育专业教学资源库建设等。教师信息技术应用能力大幅提升，教育信息技术应用逐渐普及。

（二）教育信息化 2.0

2018 年至 2021 年，信息技术从普及应用走向与教育融合创新，为中国探索智慧教育奠定了坚实基础。

中国出台《教育信息化 2.0 行动计划》《中国教育现代化 2035》《关于推进教育新型基础设施建设构建高质量教育支撑体系的指导意见》《高等学校人工智能创新行动计划》等政策文件，深入推进数字资源服务普及、数字校园规范建设、网络学习空间覆盖、教育治理能力优化，启动智慧教育示范区建设，初步形成中国教育的数字空间生态。

在基础环境建设方面，数字校园建设覆盖全体学校，引入"平台＋

---

① "校校通"工程：2000 年 11 月教育部发布的《关于在中小学实施"校校通"工程的通知》中提出，用 5—10 年时间，使全国 90% 左右的独立建制的中小学校能够上网，使中小学师生都能共享网上教育资源，提高所有中小学的教育教学质量，使全体教师能普遍接受旨在提高实施素质教育水平和能力的继续教育。
② "三通两平台"：宽带网络校校通、优质资源班班通、网络学习空间人人通，教育资源公共服务平台和教育管理公共服务平台。
③ "一师一优课，一课一名师"：使每位中小学教师能够利用信息技术至少上好一堂课，使每堂课至少有一位优秀教师能够利用信息技术讲授。

教育"服务模式，整合各级各类教育资源公共服务平台和支持系统，逐步实现资源平台、管理平台的互联互通。省级平台全部接入国家数字教育资源公共服务平台，建成"互联网＋教育"大平台。

在教学应用方面，稳步推进"三全两高一大"①，基本实现教学应用覆盖全体教师、学习应用覆盖全体适龄学生。信息化应用水平和师生信息素养普遍提高。系统推进慕课②建设，持续开展"慕课西部行计划"。推广"三个课堂"③应用模式。以"三区三州"④为重点开展网络扶智工程。"云课堂"助力贫困地区填平洼地，促进教育质量提升。例如，宁夏建成"互联网＋教育"大平台，打造"一朵云"、联通"一张网"、普及"一块屏"⑤，全区500多所学校与北京等地优质学校实现网上结对，有效缓解薄弱学校缺师少教问题，推动教育高质量发展。

（三）国家教育数字化战略行动

2022年，中国启动实施国家教育数字化战略行动，全面建设应用国家智慧教育公共服务平台，以资源和数据为新生产要素，探索"助学、助教、助管、助研、助政"新模式，开启中国智慧教育新征程。

---

① "三全两高一大"：教学应用覆盖全体教师、学习应用覆盖全体适龄学生、数字校园建设覆盖全体学校，信息化应用水平和师生信息素养普遍提高，建成"互联网＋教育"大平台。
② 慕课：大规模在线开放课程。
③ "三个课堂"：专递课堂、名师课堂、名校网络课堂。
④ "三区三州"：中国国家层面的深度贫困地区。其中"三区"是指西藏自治区和青海、四川、甘肃、云南四省藏区及南疆的和田地区、阿克苏地区、喀什地区、克孜勒苏柯尔克孜自治州四地区；"三州"是指四川凉山州、云南怒江州、甘肃临夏州。
⑤ "一朵云"指建设各级各类教育的教育云平台；"一张网"指提高学校网络带宽、构建高效联通的教育网络；"一块屏"指"班班通"全覆盖工程，为全区所有中小学校，特别是农村学校配齐互联网数字黑板。

1. 总体思路

国家教育数字化战略行动以"联结为先、内容为本、合作为要"（Connection，Content，Cooperation）的 3C 战略思路，科学构建国家智慧教育公共服务平台体系、全面提升优质资源服务供给能力、强化智慧教育平台技术支撑保障、积极推动国际数字教育交流合作，将数字资源的静态势能转化为教育改革的强大动能，积极探索智慧教育新理念、新理论、新路径、新实践，助力实现更加公平、更高质量的教育。

国家教育数字化战略行动遵循三大原则。一是坚持国家统筹、公益导向。坚持国家统筹、多方协同，统一设计、统一标准、统一管理、统一评估，采用开放、公益、普惠模式推进教育资源和治理的数字化。二是坚持需求牵引、应用为王。平台整合与升级、资源开发与利用等都要以数字化应用需求为牵引，服务师生、服务学校、服务社会，发挥教育数字化在教育高质量发展中的重要"工具箱"作用。三是坚持系统集成、规模实践。强化功能整合、数据整合、业务整合及共性关键内容开发，注重扩大资源建设与应用规模，以数据驱动规模化因材施教、智能化教育治理，持续推进数字化转型纵向深化、横向融通。

国家教育数字化战略行动突出智慧教育平台的关键作用。以国家智慧教育公共服务平台建设为重点，汇集各级各类数字教育资源，为学习者提供学习服务与就业指导，为教师提供备课与教研服务，为学校提供办学治校与合作交流服务，为政府提供治理与决策支持。国家智慧教育公共服务平台发挥组织教育资源的生产与分配功能，利用海量教育数据的聚合与分析优势，已经成为教育数字化转型发展的关键基础设施。

国家教育数字化战略行动旨在开创新的教育时代。通过教育数字化转型，改变传统教育方式，推动教育优质均衡发展，实现中华民族"有教无类"的千年梦想，服务"双减"[①]和"破五唯"[②]改革，努力办好人民满意的教育。通过中国超大规模教育数字化实践，创新教育理念、方法、模式，引领全球教育范式变革。通过数字技术加速教育整体质量的提高，解决教育发展的不平衡不充分问题，支撑构建"永远在线"的学习型社会、学习型大国，开创新的教育时代。

2. 国家智慧教育公共服务平台建设

国家智慧教育公共服务平台是国家教育数字化战略行动取得的代表性成果，为进一步推进智慧教育提供了必要前提和关键支撑。平台建设在"应用为王、服务至上、简洁高效、安全运行"的总体原则指导下，按"试点先行，示范引领""平台支撑，应用集成""全面覆盖，整体示范"分三期实施。实施过程中充分利用现有基础设施，加强整合集成，强化共性关键内容开发，边应用边优化。平台的建设与应用，不断满足中国学习者日益增长的教育需求，同时为全球学习者提供多语种、高质量的教育资源。

平台形成完整体系。 国家智慧教育公共服务平台体系包括国家、省、市、县、学校"五级贯通"[③]的智慧教育平台，由国家中小学智慧教育平台、国家职业教育智慧教育平台、国家高等教育智慧教育平台三大平台和集就业服务、考试服务、学历学位、留学服务于一体的服务大厅构成（见图2-1），在内容上融入德育、智育以及体美劳育等数字资源，初步

---

① "双减"：有效减轻义务教育阶段学生过重作业负担和校外培训负担。
② "破五唯"：破除教育评价中存在的"唯分数、唯升学、唯文凭、唯论文、唯帽子"等顽瘴痼疾。
③ "五级贯通"：国家、省、市、县、校五级贯通的国家智慧教育平台体系。

形成"三横三纵"①和"3+1"②统筹推进模式。

图2-1　国家智慧教育公共服务平台首页

平台汇聚优质资源。截至2022年12月，国家中小学智慧教育平台上线资源4.4万条；国家职业教育智慧教育平台累计上线在线课程3.2万门，专业教学资源库1317个，在线精品课6844门，视频公开课2217

---

① "三横三纵"：把基础教育、职业教育、高等教育作为"三横"，把德育、智育、体美劳育作为"三纵"，横纵交融，实现全学段、全员、全过程育人。
② "3+1"："3"指国家中小学智慧教育平台、国家职业教育智慧教育平台、国家高等教育智慧教育平台三大平台，"1"指集就业服务、考试服务、学历学位和留学服务于一体的服务大厅。

门；国家高等教育智慧教育平台汇聚 2.7 万门优质慕课，以及 6.5 万余条教材、课件、案例等各类资源。平台总浏览量约 54.93 亿次，总访客量超过 9.12 亿人次。

3. 国家智慧教育公共服务平台应用

国家智慧教育公共服务平台以服务学习者实际需求为切入点，为不同类型群体提供优质适切的教育服务。

服务学生发展。平台集聚全学段海量优质教育资源并支持再次开发。例如，青海、河南等省份将国家中小学智慧教育平台优质资源融入全域中小学校日常课程教学体系；国家职业教育智慧教育平台汇集虚拟仿真实训素材 1.9 万条，服务 5000 余所职业学校学生开展实训教学、技能鉴定和竞赛考试；国家高等教育智慧教育平台不仅汇聚大量优质课程，而且提供慕课作业、线上课堂讨论、答疑、考试等全流程教与学服务；截至 2022 年 9 月，"国家大学生就业服务平台——24365 校园招聘服务"注册应届毕业生 547 万人，共享就业岗位 1325 万个，平台主动向毕业生推送岗位信息 2192 万条次。

服务教师发展。各学段均开设"教师研修"板块，服务教师教育教学、教研备课与专业发展。例如，2022 年 7 月上线"暑期教师研修"专题，提供包括师德师风建设、心理健康教育、家校协同育人等方面内容。上线近 2300 条优质研修资源，为大中小幼职特教师提供定制化培训，42 天暑期研修期间有 1300 余万名教师访问该专题。

服务学校管理。平台支持外部系统接入，助力学校开展数字化管理，推动学校治理变革。例如，青岛市兰亭小学组织各校区基于平台开展同课异构、教学共研，创新教育教学模式，让每一个孩子同步享受到优质教学资源；湖南汽车工程职业学院利用国家职业教育智慧教育平台开展虚拟仿真教学，无感式采集并分析课堂全程数据，及时调整内部控制、质量管理、教学评价及师生服务，有效提高学校管理的精准度；浙江大学建设"网上浙大2.0"，探索学校整体智治发展路径，构建数智融合的全流程教学管理体系、开放融合的科研管理体系、一体化的现代校务治理体系，提高了办学和治理水平。

服务综合研究。平台动态监测资源建设及应用数据，支撑开展平台建设及人才培养模式相关研究。例如，北京市利用"国家大学生就业服务平台——24365校园招聘服务"数据分析人才成长、学校办学及社会需求变化规律，同步反馈至招生、培养、管理等环节，建立精准就业服务体系；上海市闵行区开展"智慧作业"探索，根据反馈情况及时调整教学策略，通过作业的信度、信息量、区分度、考查能力等指标进行教学质量监测。

服务政府治理。各级教育主管部门利用平台实时掌握教育发展态势，提升教育决策科学性。例如，陕西、安徽等省份深度连接国家平台，动态监测全省教育发展状况；成都市连接国家平台建成"智慧教育大脑"，实现区域教育大数据的集成与共享，服务教育发展水平监测、学位预测、装备管理及督导模式创新。

二、经验启示

回顾中国教育信息化发展进程，各级政府、教育行政部门、学校、教师开展了一系列创新实践，不断丰富发展理论，推动教育数字化转型，形成智慧教育发展良好局面。

（一）坚持立足中国、发挥制度优势

逐步将教育信息化、教育数字化、智慧教育纳入国家战略，统筹推进智慧教育发展，将中国特色社会主义制度优势转化为教育发展的不竭动力。集中力量办大事，强化顶层设计、统筹部署，以教育信息化促进教育现代化，推动教育高质量发展。系统推进，建立各级政府上下联动、各学校紧密协调的推进机制，汇聚多方力量建设世界最大的教育资源数字化中心和服务平台。注重制度优势与数字技术优势相融合，探索中国特色智慧教育的理念、方法和模式，形成"政府强力统筹、学校积极探索、社会广泛协同"的发展格局。

（二）坚持惠及全民、服务教育公平

将教育信息化作为促进教育公平的重要抓手，不断扩大优质教育资源覆盖面。建设国家网络基础环境，覆盖所有学校、所有学段、所有学科，实现数字教育资源"一点式接入、全体系共享"。建设"三个课堂"、慕课等，充分发挥名校名师引领作用，使薄弱学校、教学点开足开齐开好国家课程，让所有学生都能共享优质教育，助力实现从"有学上"到

"上好学"的历史性跨越。教育公共服务平台惠及全体人民，让更多人实现终身学习、可持续发展。

（三）坚持应用至上、提高教育质量

将信息技术与教育教学深度融合摆在突出位置，撬动教育改革创新，支撑高质量教育体系建设。充分发挥数字资源的倍增效应和溢出效应，以应用驱动教育教学内容建设，全面服务师生需求，实现信息化教学的广泛普及。持续提升教师信息技术应用能力，依托网络空间开展多形式、多途径的教师研修，使教师的专业发展更好地适应数字时代育人要求。促进应用场景的多元创新，探索新型教与学模式，推动规模化教育与个性化培养的有机结合。

（四）坚持试点先行、确保科学发展

将典型引路、成熟先上、分步实施、持续完善作为工作推进思路，通过先行试验积累发展经验、引领整体改革，推动教育信息化科学有序发展。开展"互联网＋教育"、智慧教育等试点行动，边建设、边应用、边完善，树立典型示范案例，加强试点经验总结推广，不断探索科技赋能教育新路径，为科学推进智慧教育打好基础。

（五）坚持开放合作、实现共同繁荣

将共生、共享、共赢作为高水平开放的出发点和落脚点，推动教育高质量国际合作，致力优质教育资源全球共享。在比较借鉴中密切交流，在对话沟通中深化合作，推广教育信息化、数字化大规模应用经验，携

手推进教育变革与进步。中国与联合国教科文组织合作，先后举办国际教育信息化大会、国际人工智能与教育大会等一系列重要国际会议，形成《青岛宣言》《北京共识》等里程碑式文件，为全球教育信息化、数字化、智能化发展搭建平台，发挥重要引领作用。中国加强互联互通，注重搭建在线教育国际平台，汇聚整合开放资源，推动建立学分学历认证标准，共享多元学习成果。

第三章

中国智慧教育的
发展成效与现实
挑战

一、发展成效

分析智慧教育发展现状，明确薄弱环节和努力方向，是推动智慧教育可持续发展的基础。本章基于中国教育科学研究院开展的 2022 年中国智慧教育发展指数研究的测算结果，分析智慧教育在 4 个维度上的总体发展情况，以及在基础教育、职业教育和高等教育分领域的发展水平，进而提出当前面临的挑战。

2022 年中国智慧教育发展指数为 0.74。从一级维度看，教育治理指数为 0.84，相对较高；教学实施指数为 0.68，相对较低；基础环境指数与人才素养指数居中，分别为 0.73 与 0.72。具体情况如图 3-1 所示。

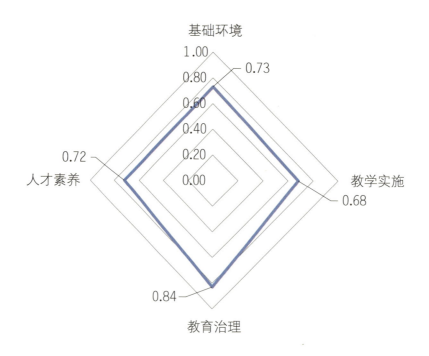

图 3-1 2022 年中国智慧教育发展指数（一级维度）

（一）数字化教育环境初步形成

基础环境指数为 0.73。中国已基本构筑起能够有效支撑智慧教育实施的基础环境。在设施设备方面，各层次各类型学校基本实现互联网接入，超过四分之三的学校实现了无线网络全覆盖，网络多媒体教室占教室总数的比例超过 71%，专任教师已基本配备教学用数字终端，反映出教育设施设备建设已经能够基本支撑智慧教育的开展。在网络学习空间方面，接近三分之二的教师和超过一半的学生已经开通个人网络学习空间。

基础教育领域，截至 2021 年底，全国已有 99.5% 的中小学拥有多媒体教室，数量超过 400 万间，其中 87.2% 的学校实现多媒体教学设备全覆盖。职业教育领域，超过 70% 的职业学校实现无线网络全覆盖，超过 60% 的教室具备多媒体等数字化教学功能。高等教育领域，支撑智慧教育的基本设施设备逐步普及，为学习者创建了更加智能化和个性化、更具开放性和交互性的学习环境。中国近 80% 的高校实现了无线网络全覆盖，网络多媒体教室占全国高校教室总数的比例超过 60%，智慧校园建设中新一代信息技术的应用率接近 90%。

数字教育资源不断丰富。截至 2022 年 12 月，国家中小学智慧教育平台汇聚资源总量达 4.4 万条，其中课程教学资源 2.59 万节，日均访问量达 6432 万次，涵盖德智体美劳等各方面育人资源。2022 年 3 月，国家职业教育智慧教育平台正式上线，截至 2022 年 12 月底，该平台提供在线课程 3.2 万门，上线专业教学资源库 1317 个，覆盖近 600 个职业教育专业。高等教育数字资源丰富，普通高校在公共平台上开放共享的慕课、资源共享课和视频公开课等数字化课程达 31.87 万门，截至 2022 年 12 月，慕课上线数量超过 6.45 万门，学习人数达 10.88 亿人次，国家高等教育智慧教育平台汇聚了 2.7 万门优质慕课，还链接了"学堂在线"（xuetangX）和"爱课程"（iCourse）在线教学国际平台。国家高等教育智慧教育平台覆盖 166 个国家和地区。中国高校有 4.28% 的慕课在境外平台实现开放共享。开通网络学习空间的高等学校占比达到 85%。

（二）数字化教学的创新应用开始呈现

教学实施指数为 0.68。数字技术与教育教学应用融合水平不断提升，基于场景的创新应用逐步增加。在教师数字素养方面，超过 86% 的中小学教师数字素养达到合格以上水平，为智慧教育的实施和发展奠定了良好的人力资源基础。在资源交互应用方面，基础教育、职业教育、高等教育的国家智慧教育公共服务平台数字化课程资源有效使用率分别达到 40%、64% 和 77%。数字教育资源已呈现规模化应用趋势。在教学方式变革方面，基础教育、职业教育、高等教育三个领域混合式教学普及率分别达到 83%、54% 和 100%，超过 40% 的互联网用户利用在线视频学习提升能力素养，线上线下相融合的学习方式逐步成为人民群众实现自身发展的新常态。

基础教育领域，数字技术对教育教学变革的支撑作用日益显现。各地中小学广泛采用国家中小学智慧教育平台等资源，"课堂用、经常用、普遍用"的数字化教学新常态已基本形成。数字技术支持的个性化学习、自适应学习等新型教育形式不断涌现，有效推动了基础教育教学改革和高质量发展。

职业教育领域智慧化、个性化教学持续创新。随着新技术在教育场景中的渗透和运用，中国职业教育教学形式发生变革，更具智慧教育特征的实践形态不断涌现。物联网、云计算、大数据、5G等数字技术正初步运用于个性化教学及智慧化教育评价。实习实训环节的数字化转型为培养高素质技术技能人才提供了有效支持。截至2022年9月，国家职业教育智慧教育平台已上线200余门虚拟仿真类课程，服务于课堂内外多场景下的仿真应用教学。依托国家平台，课程资源库的数字化学习评价覆盖率接近80%。

高等教育领域新技术促进教学持续变革创新。教与学形式更加多样化和个性化，数字技术赋能的教学评价呈现过程化、系统化的特征。慕课和小规模限制性在线课程（SPOC）大量涌现，线上教学成为新常态。"慕课西部行计划"为西部高校提供18.39万门慕课及定制课程，帮助西部高校开展混合式教学378.45万门次，实现了西部高校全覆盖。超过60%的高校运用大数据中心支持课堂教学，约三分之一的高校使用人工智能技术辅助教学，半数以上的高校应用大数据、人工智能等技术开展学生学情分析、学生发展预测、课堂分析等数字化过程评价，约72%的高校可进行网络在线课程的学分认定。中国发起成立了世界慕课与在线教育联盟，开展了50余场全球在线教育交流，推出全球公开课，与11个国家的13所世界著名大学实现了学分互认。

（三）数字治理框架基本形成

教育治理指数为0.84。教育数字治理的数据管理、实践应用与安全保障的体系架构初步建立。在数据基座方面，教育基础数据的覆盖率达

100%，已实现全国学生、教师、学校基础信息的采集与管理。在治理水平方面，当前大多数学校已经为推动数字治理的实践应用做好充分准备，建立信息化工作和管理制度的学校比例超过82%。在网络与数据安全方面，具备网络安全管理制度的学校比例接近85%，为学校开展安全的数字治理搭建了制度的"栅栏"。

基础教育领域，全国中小学管理服务平台于2022年6月上线运行。截至2022年12月，该平台已接入各省、地市、县级教育行政部门以及22万所中小学校，教育基础数据的共享率达100%。开展管理信息基础数据应用的中小学校比例达82.78%。职业教育领域已建成覆盖全国的职业教育信息管理系统，在管理系统应用、数字校园建设等方面取得重要进展，逐步从"人管、电控"走向智能化。高等教育领域，基础数据建设逐渐成熟，逾七成高校建立了校级数据中心，99%的高校信息系统可实现对数据的统筹管理。全国1238所普通本科院校、32所职业本科院校的基本教学状态数据均已纳入高等教育质量监测国家数据平台。接近60%的高校可提供"一站式"校务管理服务，80%以上的高校可提供数字化科研服务。

（四）人才培养成效已经显现

人才素养指数为0.72。学生数字素养培养成效显著，劳动者数字技能逐步满足社会需要。在学生数字素养方面，大部分中小学生数字素养达到合格及以上水平，数字化相关学科人才培养结构不断优化，为中国数字经济发展提供了智力支撑。在劳动者数字技能方面，基于劳动者数字技能自评的指标归一化数值为0.47，管理者对劳动者数字技能评价的指标归一化数值为 0.62，劳动者通过学习已具有初步的数字技术应用能力。

中国对学生数字素养培养的重视程度不断提升，《教育信息化 2.0 行动计划》《普通高中信息技术课程标准（2017 年版 2020 年修订）》《义务教育信息科技课程标准（2022 年版）》均提出加强学生数字素养培养，数字素养培养课程及配套体系逐步完善。2021 年的调查显示，中小学生数字素养合格率为 78.79%。

中国职业教育持续加强数字化相关专业人才培养，为产业进步、技术变革提供有力的人才支撑。2021 年，教育部发布新版职业教育专业目录，优化数字化相关领域的专业设置，职业教育数字化相关专业在校生人数约占职业学校在校生总人数的 34%。超过 70% 的相关专业毕业生进入数字经济主要行业就业，为数字经济发展提供重要支撑。

中国高等教育人才培养的学科结构和培养规模能够较好满足数字经济的发展需要。2021 年高校数字化相关学科毕业生占比为 40.77%，在全球处于较高水平。高校教师和学生能够运用新技术开展教与学活动，特别是在新冠肺炎疫情防控期间，中国高校成功实现了全区域、全覆盖、全方位的在线教学，充分显示了广大高校师生的信息素养。中国高等教育已为迎接数字经济时代做好准备。

二、现实挑战

中国智慧教育快速发展，在基础环境、教学实施、教育治理以及人才素养等方面取得明显成效。同时，也面临着诸多现实问题和挑战。

（一）数字化资源亟待丰富优化

国家智慧教育公共服务平台汇聚了大量优质资源，为促进教育公平和提升教育质量提供了有效支撑，但数字资源的供给与社会对高质量教育的需求相比还有差距。一是资源内容和种类不够丰富，缺少面向不同学习者的差异化优质资源、与学科教学相关的配套教学辅助资源，以及工具、软件等应用类资源。二是资源使用不够便捷，缺少按知识点搜索、编辑、个性化推送等更具实用性的功能。三是资源库建设机制有待完善，尚未形成合理的资源供给激励机制、遴选机制和退出机制。

（二）教育教学融合创新有待深入

新技术与教育教学的融合还有待深入。一是数字化优质教育资源使用率不高。智慧教育平台的用户活跃度有待进一步提升。二是平台交互功能仍有欠缺。现有的静态资源在很多关键的教学活动中仅具有辅助作用，对教与学活动的创新支撑不足。三是教师数字素养水平仍有待提升。新技术为培养学生高阶思维提供了更多支持，但由于大部分教师尚处于掌握基本的数字技能阶段，总体的创新应用水平有限，无法充分应用技术有效提升教育教学质量。

（三）教育治理智能化程度仍需提高

经过多年努力，中国教育数据基座基本建成，但是教育治理向智能化方向发展还面临诸多障碍。一是数据共建共享机制有待健全。目前教育治理仍未完全破除"数据孤岛"等问题，数据要素和信息在教育治理中的价值效益尚未充分发挥。二是信息系统、基础设施和技术架构的统筹规划仍显不足。新旧技术及系统的应用对接不畅，地区间、城乡间数字鸿沟仍然存在，需要做好统筹规划，完善新基建布局。三是在线学习和考试、学习成果认证等制度还不完善，亟须探索建立新的质量保障机制。

（四）人才数字素养培养亟待进一步加强

近年来，数字产业化和产业数字化的快速发展对劳动者素质提出了新的挑战。一是师生的数字素养培养体系需进一步完善。二是数字人才的市场匹配度仍然不高，面向产业一线员工的数字技能培训较为缺乏。三是数字化人才培养需进一步统筹规划，面向全民的培养体系亟待完善。

第四章

中国智慧教育的未来展望

智慧教育的可持续发展是一项关乎全局、关乎长远的时代课题。智慧教育日益引起教育系统和社会各界的广泛关注和思考，相关研究日益多元深化。中国智慧教育的未来发展既有时代性、世界性的共性问题，也有中国实践和特色的独特问题。本章力求在广泛征求各方意见的基础上，提出智慧教育未来发展需关注的重点议题，并探寻应对之策。

一、未来发展的重点议题

随着教育基础设施的不断完善、数字教育空间的建立和丰富，智慧教育发展有了丰沃的土壤。面向未来，还有众多的理论与实践议题需要重点关注。

（一）智慧学习环境的优化：为学习提供有效支持

智慧学习环境具有开放、交互和个性化等特点，其优化过程需要注重以下方面。

一是新技术与教学方法、教学需求深度融合。建设智慧学习环境，不能仅重视技术设施设备的供给，还应重视教学方法与实践的改进。要注重应用驱动，始终把服务和支持师生教与学的需求放在首位。

二是优质数字资源共建共享。重视共性关键内容开发、资源优化与整合集成、标准支撑和安全保障。推动数字教育资源的供给侧改革，加强政产学研协同创新，形成多元主体开发资源的新格局，不断扩大优质教育资源覆盖面。

三是学习场景变革。智能教室、自适应学习、学情智能诊断、智能课堂评价等场景应用，将成为人工智能等技术赋能教育的重点领域。运用数字技术，推动线上线下学习融合，体验多种场景学习，实现学校与社会的无缝链接。

（二）教与学形态的重构：推进教育模式变革

智慧教育通过重构教与学形态，使教育模式不断迭代升级，更好地满足学习者多样化和个性化需求。

一是人机协同教学。利用人机协同将教师从重复性劳动中解放出来，丰富教学内容和引导深度学习，不断增强教学过程的创造性、情感性和启发性。

二是自适应学习。依托教育大数据采集和学习分析技术，生成实时性数据，根据学习者特点进行精准导学，为学习者提供个性化、多元化、差异化的学习体验。

三是沉浸式学习。利用虚拟现实等技术，创建虚实融合学习环境，通过基于游戏的学习、基于模拟的学习和虚拟3D世界，让学生实现沉浸式和交互式学习，提升学习效果。

（三）智慧型教师的重塑：服务未来人才培养

随着数字技术与教育的融合创新，教师角色与职能发生了深刻改变，重塑智慧型教师要从理念、素养和能力等方面入手。

一是教育理念更新。准确把握教育规律和学生身心发展规律，更新教育理念，主动将数字技术融入教育教学全过程，形成与智慧教育相适应的教育教学观和教学方法论。

二是数字素养加强。深入了解数字技术基本原理及其在教育中的应用潜能和风险，恰当、合规和熟练使用数字技术开展各类教育教学活动。

三是育人能力提升。在教学中增强运用数字技术实现"转识成智"的意识，在管理中防范泛技术主义倾向，让教学充满人文关怀。

（四）教育治理的智能化：促进科学决策与服务提升

数字技术为教育治理结构、治理要素和治理功能赋予新内涵，为全面实现教育治理现代化提供了新的手段和方向。

一是流程的优化与再造。新技术应用过程中，传统的科层制体系逐步转变为网络状、扁平化、开放式、整体性治理体系，确保了"上、下、左、右"互联互通，教育业务流程得以全面优化和再造。

二是服务的数据与算法驱动。通过全面采集、汇聚和共享数据，实现对教育工作的实时多维分析和精准指导。教育决策由经验驱动转向数据驱动，教育服务由被动响应转向主动服务，促进教育治理进一步精准化和教育服务供给品质的提升。

三是多主体协同模式的构建。以平台思维、协作思维和共享思维实现教育治理的职责体系重构和功能重塑。通过跨区域协作治理、跨层级纵向整体治理、跨部门横向协同治理、政企合作关系转型等方式有效整合各类教育资源，创新教育治理模式。

（五）教育评价的转型升级：实现全过程全要素评价

人工智能、大数据等技术应用为树立正确的教育评价导向和实施科学的教育评价提供了有效和可行的方法。

一是评价内容和工具的创新。应用新技术开展适应性测评、情境式测评、虚拟仿真测试等，使利用传统手段不便评价的素养测评成为可能。运用人工智能评测、智能阅卷等技术，提高评价效率，促进评价更加公平公正。

二是评价过程与方法的改进。通过全过程伴随式数据采集，实现全域评价数据的采集和汇聚，开展多模态数据诊断分析和综合评价。建立长周期、跨场域、多维度的学生成长过程记录，实现全面立体的实时反馈与调控，精准改进教与学，不断提升对个性化学习的支持服务能力。

三是评价结果的丰富使用。区块链技术的应用和数字微认证的发展，让非正式学习成果认证成为可能。建立开放式、个性化和终身化的学习成果认证与转换体系，让无处不在的学习得到认可，促进学习者的持续成长与有序流动。

（六）数字鸿沟的消解：促进教育优质公平

数字技术有助于促进公平，但跨越数字鸿沟又是推进智慧教育必须破解的问题。

一是机会鸿沟弥合。联合国教育变革峰会指出，全球三分之二的学龄人群，共计13亿学习者家中无法上网，这意味着诸如女童和年轻女性群体被剥夺了学习机会。加强互联网多维扩展融通，在农村、边远、贫困、民族地区优先配备教育数字化基础设施，让优质教育资源惠及处境不利群体，仍是一项巨大的工程。

二是技能鸿沟缩小。提高全民尤其是学生的数字技能，将数字技能培养纳入教育体系，让数字技能助力实现数字普惠，成为未来亟待解决的关键问题之一。

三是使用鸿沟消弭。使用鸿沟主要表现为使用技术的差距，包括使用时间和频率、应用程序的数量和多样性等差距。应重点关注教育资源公平优化配置，为师生提供有针对性的数字技术教学应用与教学法指导，提高特殊人群的独立性、参与性并增加其获得优质教育的机会。

（七）技术伦理与数据安全：确保智慧教育健康发展

数字技术的深入应用为智慧教育提供了强大支持，但应用过程中有关伦理道德、个人隐私、数据安全等的风险也不断增加，需要高度重视。

一是数据的安全保障。在数据生成、记录和共享过程中遵循"有用""无害"的伦理诉求，发挥数据和技术的育人价值。防范数据隐私权被侵犯、数据资产所有权归属不清、数据被泄露和滥用等风险。

二是算法的合理应用。明确人工智能的教育应用边界，充分考虑师生的差异化诉求，在重组、分析、解释教育数据时保护用户信息隐私，避免算法的不合理使用带来的"信息茧房"和"算法歧视"。

三是技术的伦理规范。构建技术应用规则体系，让技术发展与应用遵循可用、可靠、可知、可控的理念，为技术发展提供必要的价值引导，确保负责任的创新与安全使用。

四是教育的向善追求。技术应用要以人为本，关注教育权、教育责任、教育公正和对教育价值的伦理追求，彰显人文关怀，确保新技术更好地服务教育发展、服务人的全面发展。

二、未来发展的对策建议

实施国家教育数字化战略行动，深入推进智慧教育，是教育高质量发展的时代要求，是建设智慧社会的基础性工程。面向未来，推进智慧教育可着重从以下方面着手。

（一）加强智慧教育发展战略规划

一是做好智慧教育的统筹规划。 加强顶层设计，将智慧教育发展融入数字中国、智慧社会的建设规划中，将发展智慧教育摆在教育高质量发展的重要位置，注重政策的有效衔接和统筹协调。

二是深入开展多学科交叉研究。 推进智慧教育是一项复杂的系统工程，要从基础设施建设、共性技术突破、伦理规范完善等方面切入，深入开展智慧教育的多学科交叉和多主体协同前沿研究。

三是促进多主体协同的系统推进。 不断完善智慧教育的多主体协同创新推进机制，建立决策部署与跨部门统筹协调机制，形成主责部门统筹组织、业务部门应用推动、技术部门支撑保障、社会机构参与服务的智慧教育推进机制。

（二）推动数字化教育模式变革

一是深化数字技术与教学过程的融合创新。 利用数字技术构建新型人才培养模式。积极开展以学生学习为中心的教学实践，探索差异化学习、合作性学习、互动式学习等，推动跨班级共享教师、跨学校选修课程和跨区域协同教学，构建新型课堂形态。

二是推动优质数字教育资源和平台的联通共享。 加强优质教育资源开发，创新资源形态，建设功能集成的资源平台，促进资源融通和共享，使教学资源形态逐渐向网状、动态、多元、交叉和综合的方向转变。

三是探索教育评价的全息化升级。 基于大数据分析拓宽教育评价维度，提升评价科学性，实现对教育的全要素、全过程、全方位一体化分析，形成定期、持续采集评价数据的机制和方法，创新评价反馈模式，改进教育教学。

四是加速教育治理的智能化转型。 完善数据标准，实现教育数据系统的横向协同和纵向贯通。以数据驱动教育决策的科学化、教育治理的精准化和教育服务的便捷化。

（三）推进智能化终身学习体系建设

一是丰富完善智慧教育平台体系。 以国家智慧教育公共服务平台为牵引，鼓励社会力量参与智慧教育，加强各级各类平台互联互通，提供面向终身学习的泛在、多元、数字化、智能化的学习资源，不断深化应用，有效服务全民终身学习。

二是加强在线学习质量标准与认证体系建设。 制定分级分类在线学习质量标准，按照不同学习时长构建数字认证或微认证体系，研制与学校课程学习间的学分转换办法，满足未来社会快速变化的人才需求。

三是打通个人学习记录与社会人才需求对接通道。 应用区块链等技术确保个人学习记录安全、永久存储，建立学生在线学习平台和各类就业平台的联结，建立畅通供需对接通道，促使学校育人与社会用人形成良好互动。

（四）开展数据赋能教育的创新实践

一是完善教育数据标准。教育数据标准应以服务实践为本，按照学生、教师和学校等不同主体，对教学、管理、评价等数据进行分类管理和有效应用。

二是深度挖掘教育数据价值。通过机制创新，加强地方平台、国家平台、社会平台上教育大数据的互联互通，增强平台的交互性、数据的可回溯性和管理的科学性。重视教育大数据的深度挖掘和分析，改进应用，揭示教育规律，催生新的教育思想和模式。

三是加强实践创新的支持保障。围绕数据赋能，创新支持保障机制。健全数字设施支撑保障机制、数字产权保护交易机制，以及多维数字治理机制。创新经费保障机制，拓展经费来源渠道，实现多元投入协同推进。

（五）深化智慧教育国际交流与合作

一是提升智慧教育的国际学术影响力。以国际会议、学术期刊等为载体，在学术研究领域着力打造智慧教育品牌，拓展宣传渠道。通过线上线下交流研讨，鼓励国内外专家分享展示，形成更加广泛的智慧教育共识。

二是支持教育科技产业走出去。鼓励教育科技产品与服务对接"一带一路"国家及更大的国际市场，实现共同发展。支持企业和教育机构在国际智慧教育基础设施、数字教育资源建设、数字技术应用创新等方面发挥重要作用，为国际智慧教育发展贡献中国理念、中国方案和中国模式。

三是组建智慧教育国际科研协作网络。联合世界高水平大学、科研机构、专业组织等协同开展智慧教育相关研究，合作开发数字化学习资源和课程，提出政策与标准倡议，参与全球智慧教育治理。

下篇
监测与评价

第五章

2022 年
中国智慧教育发展
指数报告

中国智慧教育发展报告（2022）
迈向智慧教育的中国教育数字化转型

教育数字化转型已成为当今国际社会共同关注的重要议题。2022 年 9 月，联合国教育变革峰会发出倡议，希望国际社会聚焦数字化学习和转型，共同推进数字化学习平台建设，使教育更具包容性、公平性、有效性和可持续性。

在这场教育的世界之变、时代之变、历史之变中，中国顺应潮流，坚定推进教育数字化，探索构建智慧教育的形态与范式，为建成全民终身学习的学习型社会、学习型大国奠定坚实基础。

为凝聚共识、评估进展、切实推动智慧教育的生动实践，中国教育科学研究院在吸收国内外相关研究成果和工作经验的基础上，基于中国智慧教育发展实际与特色，探索构建了中国智慧教育发展指数和基础教育、职业教育、高等教育三个分领域智慧教育发展指数（简称"1+3"中国智慧教育发展指数），致力于客观反映中国智慧教育发展水平，为全球智慧教育蓬勃发展提供中国方案。

中国智慧教育发展指数与三个分领域的智慧教育发展指数在指标的一级和二级维度上保持基本一致。在实际参与指数计算的三级指标项上，分领域指数根据各领域教育发展特点，分别设立相应评价指标。各指数相互独立，不具有可比性。各分领域智慧教育发展指数情况详见第六章至第八章。

本书第一章介绍了中国智慧教育发展指数的构建过程、测算方法，本章及以下各章重点介绍测算结果，并结合中国实际，分析中国智慧教育发展的主要成效与不足，展望中国智慧教育未来发展的重要趋势，为总体了解中国智慧教育发展概况提供指标分析和数据信息支撑。

一、智慧教育发展评价指标体系

智慧教育发展指数是基于智慧教育发展评价指标体系综合计算所得。智慧教育发展评价指标体系是沟通智慧教育理论与实践应用的桥梁，是衡量智慧教育发展水平的标尺，是引领和指导智慧教育发展的重要工具。

智慧教育发展评价指标体系以核心指标模式作为设计思路，在充分体现智慧教育内涵特征的基础上，由基础环境、教学实施、教育治理、人才素养 4 个一级维度，设施设备、数字教育资源等 12 个二级维度，共计 32 个指标构成（见表 5-1）。

表 5-1　智慧教育发展评价指标体系

一级维度	二级维度	评价指标
基础环境	设施设备	接入互联网的学校比例（%）
		无线网络全覆盖的学校比例（%）
		网络多媒体教室占教室总数的比例（%）
		师均教学用数字终端数（台 / 人）
	数字教育资源	人均公共数字教育资源量（条 / 人）
		每百名学生数字化课程资源量（课时 / 百人）
		公共数字教育资源覆盖率（%）★
	网络学习空间	开通网络学习空间的教师比例（%）
		开通网络学习空间的学生比例（%）

一级维度	二级维度	评价指标
教学实施	教师数字素养	教师数字素养合格率（%）
	资源交互应用	公共数字教育资源有效使用率（%）★
		数字化课程资源有效使用率（%）*
		公共数字教育平台用户活跃度（次/人）
		公共数字教育资源推送触达率（%）★
	教学形式变革	混合式教学普及率（%）
		网络研修普及率（%）
		在线个性化学习普及率（%）★
		利用在线视频学习的网络用户比例（%）
	教学评价数字转型	数字化过程评价普及率（%）★
		智能化评价普及率（%）★
教育治理	数据基座	教育基础数据的覆盖率（%）
		教育基础数据的共享率（%）★
	治理水平	教育一体化在线管理服务的普及率（%）
		数字化教育督导普及率（%）★
		建立信息化工作和管理制度的学校比例（%）
		开展管理信息基础数据应用的学校比例（%）
	网络与数据安全	具备网络安全管理制度的学校比例（%）
人才素养	学生数字素养	学生数字素养合格率（%）
		数字化相关学科毕业生比例（%）
		学生终身学习能力水平★
	劳动者数字技能	数字化人力资本水平
		经济活动人口的数字技能水平

注：★表示该指标暂无数值，余同。

中国智慧教育发展指数的测算数据主要来自教育部发展规划司、科学技术与信息化司、基础教育司、职业教育与成人教育司、高等教育司、教师工作司、高校学生司，教育部高等学校科学研究发展中心，教育部教育技术与资源发展中心，教育部教育质量评估中心，高等教育出版社，教育部教育信息化战略研究基地（华中）等有关司局、单位，以及《数字经济与社会指数》《2019 年全球竞争力报告》《2022 年全球数字概览报告》等报告。

在中国智慧教育发展指数合成过程中，对于数据暂不可收集但有替代性指标数据的指标，采用替代性指标数据参与指数计算；对于数据暂不可收集且无替代性指标数据的指标，不纳入指数计算；对于有数据但暂无理论最优值，无法进行归一化处理的指标，不纳入指数计算；对于数据有部分缺失的指标，用现有数据参与指数计算。目前，在智慧教育发展评价指标体系的 32 个指标中，参与指数测算的指标共 20 个。

二、测算结果

（一）总体情况

经测算，2022 年中国智慧教育发展指数为 0.74。其中，基础环境指数为 0.73，教学实施指数为 0.68，教育治理指数为 0.84，人才素养指数为 0.72（见图 5-1）。

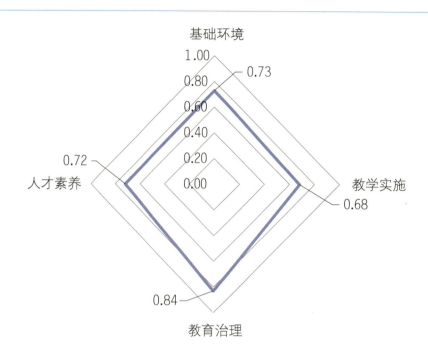

图5-1　2022年中国智慧教育发展指数（一级维度）

（二）各维度结果

1. 基础环境指数

基础环境指数为0.73。其中，设施设备指数为0.86，网络学习空间指数为0.59。各指标值详见表5-2。

表5-2　基础环境维度指标值

二级维度	评价指标	数值
设施设备	接入互联网的学校比例（%）	98.85
	无线网络全覆盖的学校比例（%）	75.52
	网络多媒体教室占教室总数的比例（%）	71.82
	师均教学用数字终端数（台/人）	0.98

续表

二级维度	评价指标	数值
数字教育资源	人均公共数字教育资源量（条 / 人）[①]	—
	每百名学生数字化课程资源量（课时 / 百人）[②]	—
	公共数字教育资源覆盖率（%）★	—
网络学习空间	开通网络学习空间的教师比例（%）	65.21
	开通网络学习空间的学生比例（%）	53.08

注：各指标数值计算方法参见附录一。如无特别说明，表中"—"表示该指标暂无数值，余同。

2. 教学实施指数

教学实施指数为 0.68。其中，教师数字素养指数为 0.87，资源交互应用指数为 0.60，教学形式变革指数为 0.58。各指标值详见表 5-3。

表 5-3　教学实施维度指标值

二级维度	评价指标	数值
教师数字素养	教师数字素养合格率（%）	86.50
资源交互应用	公共数字教育资源有效使用率（%）★	—
	数字化课程资源有效使用率（%）	59.99
	公共数字教育平台用户活跃度（次 / 人）[③]	—
	公共数字教育资源推送触达率（%）★	—

[①]　该指标数值暂时无法确定理论最大值和最小值，2022 年暂不纳入指数计算。
[②]　同上。
[③]　同上。

续表

二级维度	评价指标	数值
教学形式变革	混合式教学普及率（%）	78.97
	网络研修普及率（%）	54.62
	在线个性化学习普及率（%）★	—
	利用在线视频学习的网络用户比例（%）	40.90
教学评价数字转型	数字化过程评价普及率（%）★	—
	智能化评价普及率（%）★	—

3. 教育治理指数

教育治理指数为 0.84。其中，数据基座指数为 1.00，治理水平指数为 0.66，网络与数据安全指数为 0.85。各指标值详见表 5-4。

表 5-4　教育治理维度指标值

二级维度	评价指标	数值
数据基座	教育基础数据的覆盖率（%）	100.00
	教育基础数据的共享率（%）★	—
治理水平	教育一体化在线管理服务的普及率（%）	57.31
	数字化教育督导普及率（%）★	—
	建立信息化工作和管理制度的学校比例（%）	82.32
	开展管理信息基础数据应用的学校比例（%）	58.74
网络与数据安全	具备网络安全管理制度的学校比例（%）	84.90

4. 人才素养指数

人才素养指数为 0.72。其中，学生数字素养指数为 0.89，劳动者数字技能指数为 0.54。各指标值详见表 5-5。

表 5-5 人才素养维度指标

二级维度	评价指标	数值
学生数字素养	学生数字素养合格率（%）	78.79
	数字化相关学科毕业生比例（%）	40.77
	学生终身学习能力水平★	—
劳动者数字技能	数字化人力资本水平[①]	47.00
	经济活动人口的数字技能水平[②]	4.70

三、成效与不足

（一）主要成效

1. 智慧教育基础设施设备环境基本建成

21 世纪以来，尤其是党的十八大以来，中国制定了《教育信息化十年发展规划（2011—2020 年）》《教育信息化"十三五"规划》《教育信

[①] 该指标数据采用欧盟委员会《数字经济与社会指数》系列报告中的测算结果，数值区间为 [0,100]。

[②] 该指标数据采用世界经济论坛《2019 年全球竞争力报告》中的测算结果，数值区间为 [1,7]。

息化 2.0 行动计划》等规划文件，实施国家教育数字化战略行动，推进教育新型基础设施建设，加大对教育信息化基础设施设备的财政投入。经过多年发展，中国接入互联网的学校比例已接近 100%，超过四分之三的学校实现了无线网络全覆盖，七成以上教室已建成网络多媒体教室，教师教学用数字终端基本普及。学校信息化配置水平显著提高。基础环境的"网""端"两个层面的建设为智慧教育打下了坚实的基础。

2. 中小学教师数字素养全面提升

中国先后实施了国培计划、教育技术能力培训、全国中小学教师信息技术应用能力提升工程等培训项目，制定了《中小学教师信息技术应用能力标准（试行）》《中小学教师信息技术应用能力培训课程标准（试行）》等相关标准。目前，中国已完成面向全国 1000 多万名中小学教师、10 万多名中小学校长和 20 多万名职业院校教师的信息化专项培训，并在此过程中逐渐积累形成了整校推进、应用导向和常态评价相结合的教师培训实践模式。教育部教育信息化战略研究基地（华中）教师数字素养监测结果显示，超过 86% 的教师数字素养达到合格及以上水平，为智慧教育的实施和发展奠定了良好的人力资源基础。

3. 混合式教学日益普及

中国积极推进"互联网＋教育"，不断优化优质教育资源供给，为促进教育公平和质量提升、缩小数字鸿沟提供有效支撑。中国在基础教育领域加强"专递课堂""名师课堂""名校网络课堂"建设与应用，在高等教育、职业教育领域遴选并推广应用国家在线精品课程。目前，中国上线慕课数量超过 6.45 万门，学习人次达 10.88 亿人次。特别是新冠肺炎疫情防控期间，中国智慧教育快速积累、有效集成，支撑起了世界最大规模的在线教学。高等教育混合式教学全面普及，基础教育混合式教学快速普及。

4. 教育治理的数据基础基本建立

中国注重建立、完善教育管理信息化标准体系，着力建设教育公共管理服务平台，发布《关于加强新时代教育管理信息化工作的通知》等专项文件，推进教育治理现代化的进程。当前，中国智慧教育治理的基础数据建设较好，建成了学校、教师、学生三大教育基础数据库，已完成全国范围内学校、教师、学生的基础数据采集与管理。"一校一码"、师生"一人一号"已成为现实，为教育治理建立了数据基础。

5. 学校管理信息化与网络安全制度建设完成度较高

在《促进大数据发展行动纲要》《关于加强数字政府建设的指导意见》《关于加强新时代教育管理信息化工作的通知》以及各级各类数字校园建设规范的推动下，当前超八成学校建立了信息化工作和管理制度，为推动数字治理实践做好了充分的制度准备。中国还先后出台《中华人民共和国网络安全法》《中华人民共和国数据安全法》《中华人民共和国个人信息保护法》等法律。大力推进学校网络安全建设，已有近85%的学校具备网络安全管理制度，为学校开展安全的数字治理扎牢了制度的"栅栏"。

6. 近八成中小学生数字素养达到合格及以上水平

为了培养适应数字时代发展要求的公民，使学生具备在数字社会学习、工作、生活必备的素质和能力，近年来，教育部出台多个政策文件，部署实施学生信息素养全面提升行动，制定信息素养培养相关课程标准，将学生信息素养评价纳入综合素质评价，加强学生信息素养培育。教育部教育信息化战略研究基地（华中）学生数字素养监测结果显示，接近80%的中小学生数字素养达到合格及以上水平。

7. 数字化相关专业人才培养规模处于国际较高水平

为了培养数字化专业人才，保障中国数字经济和科技创新发展，《新一代人工智能发展规划》《"十四五"数字经济发展规划》《关于深入推进世界一流大学和一流学科建设的若干意见》等规划文件要求加强数字技术技能类人才培养，加大理工农医类人才、交叉学科人才培养力度。中国数字化相关学科毕业生占比超过40%，专业结构稳定，在国际范围内处于较高水平，为数字时代的经济产业发展提供了智力支撑。

（二）存在不足

1. 数字教育资源供给与服务能力仍需提高

2022年3月，国家智慧教育公共服务平台开通运行，各类优质数字资源供给不断扩大，平台注册用户规模迅速增长。但从公共数字教育资源平台注册用户在人口中的覆盖程度，以及人均、生均数字教育资源量来看，作为国家教育公共服务的综合集成平台，国家智慧教育公共服务平台仍需继续汇聚类型更加多样、科目更加齐全、质量更加卓越的教育资源，并努力扩大在教师、学生、家长和社会公众中的覆盖面，惠及更多人群。

2. 网络学习空间"人人通"尚未完全实现

为了加快推进"人人皆学、处处能学、时时可学"的学习型社会建设，实现基于空间的教与学、教学管理、教育治理的常态化应用，中国加强网络学习空间建设与应用，连续多年开展网络学习空间应用普及活动。当前，教师网络学习空间数和学生网络学习空间数分别为973.76万个、11538.80万个，尚未实现"一人一空间、人人用空间"的发展目标，师生开通和使用网络学习空间的意识有待进一步提升。智慧教育基础环境的"云"空间建设与应用仍需持续推进。

3. 智慧教学尚未形成深层次、常态化、全流程的应用与变革

中国智慧教育在教学层面上的变革创新力仍显不足，主要表现为：智慧教学应用层次不深，仅有约一半的中小学和中职教师借助互联网等信息技术的优势开展网络研修，学生开展在线个性化学习的普及程度也有待提高；教育资源交互应用不够，尤其是交互服务的精准性不高，面向用户的个性化、智能化精准推送服务有待完善深化；智能化评价改革成效不明显，亟待加强教学数字化过程评价、智能化评价的普及应用。

4. 学校数据应用的普及程度有待提升

建设教育基础数据是为了服务于数字化教育治理。为有效解决教育管理信息化系统整合不足、数据共享不畅、服务体验不佳、设施重复建设等突出问题，教育部要求利用新一代信息技术提升教育管理数字化、网络化、智能化水平，推动教育决策由经验驱动向数据驱动转变。当前，将各类教育管理信息系统数据常态化应用于日常决策与管理服务的学校占比不到六成，教育管理数据的应用率有待提高。

5. 全民数字素养发展水平存在较大提升空间

着力开展面向劳动者的数字素养培养，提升劳动者数字素养与技能，是促进劳动者更好适应数字化生产、生活方式的必要举措。《中华人民共和国国民经济和社会发展第十四个五年规划和2035年远景目标纲要》强调"加强全民数字技能教育和培训，普及提升公民数字素养"。2022年，

中央网络安全和信息化委员会印发的《提升全民数字素养与技能行动纲要》提出"到 2025 年，……全民数字素养与技能达到发达国家水平"的发展目标。由于该行动的启动时间尚短，中国尚未完全建立面向全民尤其是劳动者的数字素养终身化学习体系，劳动者数字素养提升需要较长时间，学校教育和继续教育、终身学习对提升劳动者数字素养的积极作用有待后期累积显现。

四、发展方向

（一）以平台优化为抓手，不断夯实智慧教育数字基座

1. 构建优质公平高效的智慧教育公共服务平台

坚持"应用为工、服务至上"原则，升级完善国家智慧教育公共服务平台。广泛汇聚优质教育资源，无缝集成高效学习工具，全面追踪学习过程，主动推送定制服务，构建以学习者为中心的个性化学习和终身学习环境。以促进教育公平为导向，面向人人提供更高质量的教育资源和更加便捷可靠的公共服务。

2. 打造物联、数联、智联三位一体的智慧教育生态环境

盘活教育数字化建设存量，优化增量，充分发挥数据作为新型生产要素的作用，构建基于新一代信息技术的"云—网—边—端"一体化基础环境，加快学校全面感知物联网基础设施配置，推进智慧校园、智慧实验室建设，构建线上线下虚实融合、校内校外贯通衔接的教育新生态。

（二）以深度应用为核心，全面构建智慧教育教学新范式

1. 积极探索新一代信息技术在教育教学中的创新应用

积极推进基于增强现实和虚拟现实等技术的沉浸式体验式教学、基于 5G 技术的远端多点协作式教学、基于人工智能技术的探究式与个性化学习等教学创新，推动实现学科教学壁垒的消融、教学流程的再造、教学模式的重构。积极鼓励各级各类学校探索开展基于新一代信息技术的管理模式和育人方式创新，切实提升教师数字素养，推动学校、家庭和社会协同促进教与学的深刻变革。

2. 着力构建大数据驱动的智慧教育评价体系

充分应用智能测评、大数据分析等技术，创新教育教学评价方式，通过全要素、全过程、全方位的数据采集和挖掘分析，推动教育发展、人才培养、选人用人等方面的评价方法和机制变革。利用区块链等技术加快构建终身学习的学分认证和技能认证体系，探索不同类型学习成果、线上线下学习资格认定的融通机制。

（三）以数据驱动为引擎，推动形成智慧教育"智"理能力

1. 构建数据赋能的教育协同治理新局面

完善教育一体化政务服务平台功能，加快推进跨部门、跨地域、跨层级的数据流动和协同化应用，提升教育数字治理的整体效能。建成教育发展决策支持平台，通过对教育、经济、社会、人口等多维数据的全面采集与综合分析，实现教育资源和发展要素的优化配置、科学管理和趋势预测，为教育决策提供科学可靠的循证依据。

2. 健全智慧教育发展标准规范体系

完善信息网络、平台体系、数字资源、智慧校园、创新应用、数字认证等治理制度体系，建立健全教育平台和数据安全保障网络，统筹规范师生信息采集传输和使用、人工智能教育应用伦理约束等流程和标准，实现智慧教育治理体系制度化、科学化、规范化。

（四）以全民素养提升为目标，开创智慧教育人才培养新格局

1. 加快提高人才数字素养水平

建立师生数字素养标准，将数字素养培育纳入大中小学教育一体化培养方案，定期评估数字人才培养体系建设进展。根据社会发展需求，及时优化职业教育和高等教育学科布局，动态调整专业设置，提升数字化相关专业人才培养力度。以终身学习态度意识、自我管理、思维品质、适变能力为重点，创新智慧教育环境下学生终身学习能力培养模式，培养可持续发展的学习型人才。

2. 推动全民数字素养普遍提升

整合社区教育、老年教育办学网络及各类公共学习服务平台资源，扩大全民终身学习优质资源供给渠道。通过数字化手段为全民提供全生命周期的学习支持服务，实现人人皆学、处处能学、时时可学。建立全民数字素养标准，定期开展全民终身学习需求与能力监测，以教育数字化加快推进全民终身学习，为学习型社会、学习型大国建设奠定坚实基础。

第六章

2022 年
中国智慧教育发展
指数（基础教育）
报告

　　新一轮科技革命和产业变革持续深化，新一代信息技术加速创新，对经济社会发展产生了重要而深远的影响。随着数字中国和国家教育数字化战略行动不断推进，大数据、云计算、人工智能等新一代信息技术在教育领域从多点应用逐步走向系统性融合，基础教育正在向智慧教育新形态变革转型。以构建智能化学习环境、变革教学方式、完善教育综合治理、促进学生全面而有个性发展为主要内容的智慧教育实践，有力助推着基础教育高质量发展。本章构建了基础教育领域智慧教育发展评价指标体系，测算了中国智慧教育发展指数（基础教育），旨在反映中国基础教育领域智慧教育的发展水平，展望未来发展方向。

一、基础教育领域智慧教育发展评价指标体系

　　基础教育领域智慧教育发展评价指标体系包括4个一级维度（基础环境、教学实施、教育治理、人才素养），13个二级维度（设施设备、数字教育资源、网络学习空间、教师数字素养、资源交互应用、教学形式变革、教学评价数字转型、教科研、数据基座、治理水平、网络与数据安全、学生数字素养、数字化学习体验），以及35个评价指标，具体如表6-1所示。

表 6-1 基础教育领域智慧教育发展评价指标体系

一级维度	二级维度	评价指标
基础环境	设施设备	接入互联网的学校比例（%）
		无线网络全覆盖的学校比例（%）
		网络多媒体教室占教室总数的比例（%）
		每百名学生可用教学用终端数（台/百人）
	数字教育资源	中小学公共数字教育资源课程量（课时）
		中小学公共教科研数字教育资源量（条）
	网络学习空间	开通网络学习空间的教师比例（%）
		开通网络学习空间的学生比例（%）
教学实施	教师数字素养	每百名学生拥有的专职信息化工作人员数（人/百人）
		每百名专任教师接受信息技术相关培训数（人次/百人）★
		教师数字素养合格率（%）
	资源交互应用	中小学公共数字教育平台用户活跃度（次/人）
		中小学公共数字教育资源有效使用率（%）
		中小学公共数字教育资源推送触达率（%）★
		中小学"德体美劳"公共数字教育资源有效使用率（%）★
	教学形式变革	混合式教学普及率（%）
		在线个性化教学普及率（%）
		信息化手段支持的线下课时覆盖率（%）
		信息技术支持的作业覆盖率（%）★
	教学评价数字转型	信息技术支持的评价手段的多样化程度（类）★
		信息技术支持的评价普及率（%）★
	教科研	年度专任教师参加远程研训平均学时（小时）
		网络研修普及率（%）

续表

一级维度	二级维度	评价指标
教育治理	数据基座	教育基础数据的覆盖率（％）
		教育基础数据的共享率（％）
	治理水平	教育一体化在线管理服务的普及率（％）
		数字化教育督导普及率（％）★
		课后服务的数字化管理普及率（％）
		建立信息化工作和管理制度的学校比例（％）
		开展管理信息基础数据应用的学校比例（％）
		信息化财政投入占教育投入的比例（％）★
	网络与数据安全	具备网络安全管理制度的学校比例（％）
人才素养	学生数字素养	中小学生数字素养合格率（％）
		中小学生终身学习能力水平★
	数字化学习体验	中小学公共数字教育资源平均评分（标准分数）

注：★表示该指标暂无数据。

2022 年中国智慧教育发展指数（基础教育）数据来源包括教育部司局业务统计数据、国家中小学智慧教育平台数据、教育部教育信息化战略研究基地（华中）相关调研数据及全国抽样调查数据等。其中，中小学公共数字教育资源课程量、中小学公共教科研数字教育资源量、中小学公共数字教育平台用户活跃度、中小学公共数字教育资源有效使用率、混合式教学普及率、中小学公共数字教育资源平均评分等 6 项指标使用国家中小学智慧教育平台（https://www.zxx.edu.cn/）数据进行测算。在没有特殊说明的情况下，数据收集截至 2022 年 9 月 30 日。

对于指标"每百名学生可用教学用终端数"，参考国内外较为通用的标准和实践情况，拟定以每 7 人拥有 1 台教学用终端为基准[①]，即以每百人拥有 14.3 台教学用终端作为基准。对于指标"每百名学生拥有的专职信息化工作人员数"，参照国际发达国家平均水平，以每百名学生拥有 1 名信息化工作人员为基准。对以标准分数呈现的指标，本书将原始分数线性转换到取值区间 [0,1] 后的标准数值作为相应指标数值。

2022 年中国智慧教育发展指数（基础教育）合成过程中，对于数据不可收集但有替代性指标的指标，采用替代性指标数据参与指数计算；对于数据不可收集且无替代性指标的指标，暂不纳入指数计算；对于有数据但暂无理论最优值，无法进行归一化处理的指标，暂不纳入指数计算；对于有部分数据的指标用现有数据参与指数计算。目前，在指标体系的 35 个指标中，无法完整收集数据的指标有 9 个，26 个指标有可获得数据，其中已收集到数据但无法进行无量纲归一化处理的指标共 6 个[②]，参与指数测算的指标共 20 个。

---

① 国际上，经济合作与发展组织于 2012 年发布的平均生机比为 4.7：1，当年韩国生机比为 5.9：1。联合国教科文组织统计研究所于 2012 年公布的数据显示，日本生机比为 7：1，中国香港为 9：1。中国内地各省份颁布的生机比标准在 30：1 至 6：1 之间。其中，2011 年《浙江省义务教育标准化学校基准标准》要求有效生机比达到 7：1，2019 年《江苏省义务教育学校标准化建设监测指标（试行）》规定小学生机比达到 10：1、初中达到 8：1。综合各国数据，结合中国实际情况，并参照专家意见，确定以 7：1 作为生机比基准。

② 中小学公共数字教育资源课程量、中小学公共教科研数字教育资源量、混合式教学普及率、教育一体化在线管理服务的普及率、中小学公共数字教育资源平均评分、年度专任教师参加远程研训平均学时等 6 项指标暂无法确定标准值，在指数测算过程中未纳入这 6 项指标。相关数据以描述形式呈现。

二、测算结果

经测算，2022 年中国智慧教育发展指数（基础教育）为 0.74。如图 6-1 所示，在 4 个一级维度中，基础环境指数为 0.72，教学实施指数为 0.62，教育治理指数为 0.81，人才素养指数为 0.79，表明教学实施是当前中国基础教育领域智慧教育发展较为薄弱的环节。

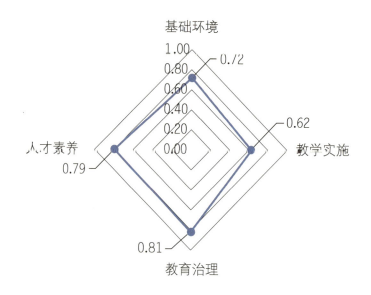

图 6-1　2022 年中国智慧教育发展指数（基础教育）分维度测算结果

（一）基础环境情况

基础环境指数为 0.72。从二级维度看，设施设备指数为 0.82，网络学习空间指数为 0.62，说明设施设备建设水平好于网络学习空间的开通水平。截至指数测算时，国家中小学智慧教育平台已拥有的数字教育资源课程量为 19505 课时，平台上建设的教科研数字教育资源量为 10507 条。

各省份中，基础环境指数最高为 0.95，有 15 个省份的基础环境指数超过 0.72。总体而言，中国大部分省份已具备智慧教育转型的环境基础，其教育教学环境能够满足智慧教育开展的基本需求。

设施设备。设施设备指数为 0.82。其中，各省份接入互联网的学校比例均为 100%。在全国范围内，无线网络全覆盖的学校比例为 75.59%，网络多媒体教室占教室总数的比例为 73.92%，每百名学生可用教学用终端数为 11.29 台（折算指标数值为 0.79）。如图 6-2 所示，各省份中，设施设备指数最高为 0.97，大部分省份为 0.70—0.90，高于全国平均水平的省份有 14 个。设施设备方面的标准差为 0.08，显示各省份设施设备建设水平略有差距。

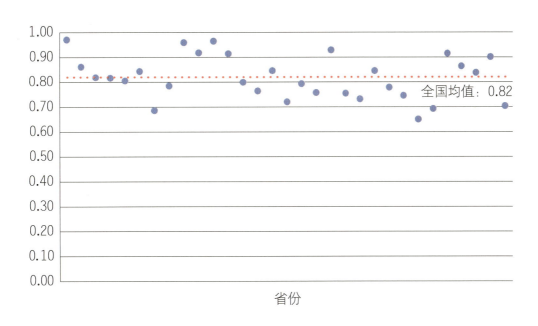

图 6-2 各省份设施设备状况[①]

① 本图中的散点表示全国 31 个省份的数据，做匿名处理。本章的图 6-3、图 6-4、图 6-5 均做同样处理。

网络学习空间。网络学习空间指数为 0.62，标准差为 0.25，说明各省份在网络学习空间方面仍存在较大差异。全国 69.35% 的学生开通了网络学习空间，54.24% 的教师开通了网络学习空间。如图 6-3 所示，全国 14 个省份网络学习空间指数高于 0.62，17 个省份网络学习空间指数低于全国平均水平。总体看，各省份水平差异较大。

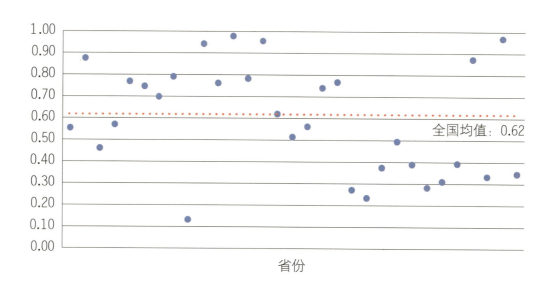

图 6-3　各省份网络学习空间状况

（二）教学实施情况

教学实施指数为 0.62。从二级维度看，教师数字素养指数为 0.53，资源交互应用指数为 0.70，教学形式变革指数为 0.69，教科研指数为 0.55。

教师数字素养。教师数字素养指数为 0.53。其中，全国每百名学生平均拥有专职信息化工作人员 0.19 人，教师数字素养合格率为 86.50%。如图 6-4 所示，全国 16 个省份每百名学生拥有的专职信息化工作人员数量达到或高于全国平均水平，12 个省份每百名学生拥有的信息化工作人员数量在 0.15 人和 0.19 人之间。

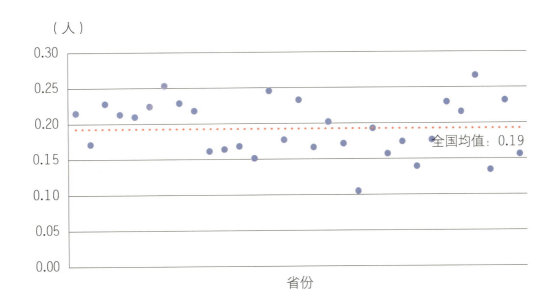

图 6-4　各省份每百名学生拥有的专职信息化工作人员数量

资源交互应用。资源交互应用指数为 0.70，各省份国家中小学智慧教育平台的用户活跃度 [①] 均较高。同时，国家中小学智慧教育平台的资源有效使用率为 39.86%，国家中小学智慧教育平台汇集数字资源的同时仍需持续提升资源的有效使用水平。

教学形式变革。教学形式变革指数为 0.69。新冠肺炎疫情防控期间，随着多轮"停课不停学""停课不停教"的大规模实践，各中小学注册了国家中小学智慧教育平台账号，尝试开展线上线下混合教学。调研显示，

---

① 各省份国家中小学智慧教育平台用户活跃度根据页面浏览数与独立用户数的比值计算，全国平均值为 54.67。以百度、淘宝、亚马逊、京东等较为活跃的网站的相关数据作参照，各省份国家中小学智慧教育平台用户活跃度均较高，故在指标计算时各省份此项全部赋满分。

全国范围内信息化手段支持的线下课时覆盖率达到 82.66%，教师在线个性化教学普及率为 54.61%，教师在线个性化教学的普及水平仍有一定提升空间。

教科研。教科研指数为 0.55。其中，教师网络研修普及率为 55.49%，标准差为 0.22，说明部分省份的教师网络研修普及程度仍需提升。如图 6-5 所示，各省份中，教师网络研修普及率最高为 91.98%，14 个省份教师网络研修普及率高于全国平均水平。

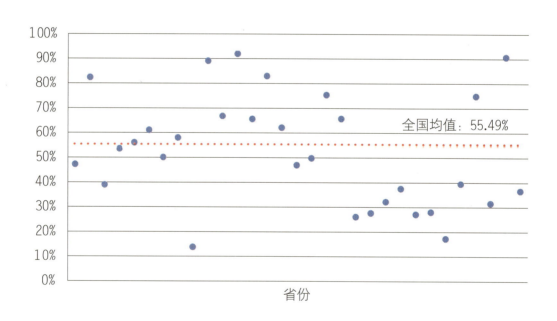

图 6-5　各省份教师网络研修普及率

（三）教育治理情况

教育治理指数为 0.81。从二级维度看，数据基座指数是 1.00，治理水平指数是 0.59，网络与数据安全指数是 0.85。

数据基座。数据基座指数为 1.00。从全国范围看，教育基础数据的覆盖率与教育基础数据的共享率均已达到 100%，显示中国基础教育领域智慧教育建设的数据基座建设水平较好。

治理水平。治理水平指数为 0.59。其中，国家中小学课后服务管理系统覆盖超 2.9 万所学校，显示信息技术作为教育中的"快变量"，开始为"双减"等政策实施赋能。全国开展管理信息基础数据应用的学校比例为 82.78%（见图 6-6），说明基于数据开展学校管理已成为基础教育学校的共识。全国建立信息化工作和管理制度的学校比例为 82.36%，体现新时代教育管理信息化工作具备良好的制度基础。

网络与数据安全。网络与数据安全指数为 0.85。全国具备网络安全管理制度的学校比例为 84.93%。分省份来看，全国 17 个省份的该比例高于全国平均水平。

图 6-6　教育治理部分指标情况

（四）人才素养情况

人才素养指数为 0.79。全国中小学生数字素养合格率为 78.79%，显示中国基础教育阶段学生已经具备基本的数字素养。

三、成效与不足

（一）主要成效

当前，中国基础教育呈现出数字化基础设施日趋完备、数字教育资源公共服务体系持续完善、信息化教学应用逐步丰富、数字化治理能力快速提升和师生数字素养不断发展的良好态势，探索出了具有中国特色的基础教育信息化理论和实践路径。在国家实施教育数字化战略行动背景下，中国基础教育正进入全要素、全业务、全领域和全流程的数字化转型新阶段，迈向智慧教育高质量生态建设的新征程。

1. 教育信息化基础环境明显改善

中国基础教育阶段教育信息化基础环境建设不断加速，基本形成了网络覆盖完全、线下多媒体教学空间和网络学习空间融合的泛在化学习环境。截至 2020 年底，中国中小学互联网接入率已经达到 100%。截至 2021 年底，中国中小学多媒体教室数量超过 400 万间，全国网络多媒体教室占教室总数的比例达 73.92%，已有 99.50% 的中小学拥有多媒体教室，全国各区域数字化设施设备条件基本均衡，均达到较高水平。

2. 数字教育资源公共服务体系建设取得突破性进展

为了让每个孩子都能享有公平而有质量的教育，加快推进教育现代化，办好人民满意的教育，中国在基础教育领域建成了以国家中小学智慧教育平台为核心的大规模数字教育资源公共服务体系。截至 2022 年 12 月底，国家中小学智慧教育平台注册用户总量达 6998 万人，资源总量达 4.4 万条，累计访问量达 196 亿次，日均访问量达 6432 万次。优质数字教育资源与公共服务平台有力保障了新冠肺炎疫情防控期间全国范围内的"停课不停学"，支持了"双减"的深化实施，促进了教育公平。

3. 数字技术与教育教学融合持续深入

通过示范区建设、典型案例引领和应用培训等多种形式，信息技术对教育教学变革的支撑作用日益显现。截至 2021 年底，中小学信息化手段支持的线下课时覆盖率超八成，各地中小学广泛采用国家中小学智慧教育平台等数字教育资源平台开展混合式教学，"课堂用、经常用、普遍用"的数字化教学新常态已基本形成。信息技术支持的个性化学习、自适应学习以及"三个课堂"等新型教学形式不断涌现，有效推动了基础教育教学改革和高质量发展。

4. 数字化教育治理体系进一步完善

全国中小学管理服务平台等数字化教育公共服务平台发展迅速，基于数据的治理水平不断提升，政务服务和协同监管能力逐步增强。全国中小学管理服务平台于 2022 年 6 月上线运行，提供学生管理、学校管理、专项管理三大业务模块以及工作指挥台、"学有优教"App 两项服务，满足教育行政部门、学校、教师、家长及学生日常应用需求。截至 2022 年 12 月，该平台已接入各省、地市、县级教育行政部门和 22 万所中小学，基础教育领域教育基础数据的共享率达 100%。全国中小学生学籍信息管理系统采集入库的学生学籍信息超过 3 亿条，教育基础数据的覆盖率达 100%。课后服务管理系统已开展两批试点工作，全国共有近 3 万所学校使用国家统一平台，近千所学校使用地方自建系统并与国家统一平台进行数据对接。数字化治理水平和规范化程度不断提升，网络与数据安全保障持续增强。

5. 面向数字时代的人才培养体系逐步健全

新时代教师队伍的信息技术研训不断加强。2013—2017 年教育部实施全国中小学教师信息技术应用能力提升工程，共培训中小学教师 1000 余万名。2019 年，教育部实施全国中小学教师信息技术应用能力提升工程 2.0，推动教师信息技术应用能力持续提升。2021 年调查显示，教师数字素养合格率达 86.50%。对学生数字素养培养的重视程度不断提升。《教育信息化 2.0 行动计划》《普通高中信息技术课程标准（2017 年版 2020 年修订）》《义务教育信息科技课程标准（2022 年版）》均提出加强学生数字素养培养，数字素养培养课程及配套体系逐步完善。2022 年测量结果表明，中小学生数字素养合格率较高，中国中小学生数字素养培养取得了较好效果。

（二）存在不足

1. 基础设施内涵建设不足

当前，数字化设施设备配置仍有优化空间。例如，学校数字终端大多是台式机，便携性不足，现有设备存在闲置现象，使用效率较低，部分学校网络带宽仍然不高，难以支撑"专递课堂"等教学形式。同时，网络学习空间开通水平还有待提升，云网端一体化发展建设不能充分支持线上线下混合教学，需更新完善、迭代升级。

2. 数字教育资源针对性不强

当前基础教育数字资源内容分布尚不均衡，呈现形式比较单一。例如，国家中小学智慧教育平台资源集中于学科课程资源，"德体美劳"、家校社协同共育、课后服务、跨学科学习等数字教育资源相对不足；同时，数字资源表现形式以慕课、课堂视频录像等为主，数字教材、数字教学工具、虚拟仿真实验资源等面向不同教学需求的资源形式仍然欠缺。

3. 数字技术教学应用的常态化水平不高

当前中小学教师数字技术应用能力还停留在较低水平，难以根据教学需求灵活、适切地选择技术工具开展教学创新。教育行政人员、校长和教师技术应用观念陈旧，仍存在"新技术强化旧教育"现象。学校专业化、可持续数字化教学保障能力不足，专职信息化工作人员偏少，专业化程度有待提升，大多数学校信息化保障人员由信息技术教师兼任，难以有效支持日益增长的技术和设备维护需求。

4. 数字化教育公共服务体系还不完善

当前中国基础教育公共服务体系在数据整合、服务协同和服务多样化等方面仍有不足。例如，平台、多源数据整合尚不充分，不同口径的数据标准化和通用性不足，数据壁垒依然存在；基于数据的全链条、全流程协同治理与决策还不能有效开展；数字化督导、课后服务、家校社协同共育等多层次、多样化服务需求尚未得到满足。

四、发展方向

（一）强化常态化稳定应用导向，推进设施设备内涵建设

一是加强对学校现有数字化设施设备使用的指导，推动学校数字化设施设备的常态化应用，降低闲置率。二是有序推进影响教学应用的关键性设备的更新完善和迭代升级，增加移动数字化终端配备，进行校园局域网升级，合理增加学校网络带宽，推动网络多媒体教室建设和互联互通。三是加强乡村学校"双师课堂"条件保障，帮助乡村学校开足开齐开好国家规定课程。四是加强数字设备专业化运维保障，增加人员配置，提高设施设备稳定性和可靠性，保障智慧教育环境可持续发展。

（二）保障基础教育深度改革需求，优化数字资源供给应用

一是进一步完善国家中小学智慧教育平台建设，不断丰富优质教育资源内容，强化以"育人"为核心的数字资源建设，围绕德育、劳动教育、家校社协同共育、课后服务等需求开展资源内容创新建设。二是丰富数字教育资源表现形式，强化对混合学习、自主学习、项目式学习、虚拟仿真实验等多场景应用和多种学习方式的支持。三是提升资源服务的精准性，提供面向海量资源的智能过滤、自动分类、语义检索、智能推送等功能，有效提升资源使用效率。四是完善数字教育资源建设机制，形成多方参与的可持续数字资源建设、维护、更新、审核和监管生态。五是完善以育人质量为导向的数字资源评价标准，构建面向大规模数字

资源的全链条监管机制，实现对数字资源的高效监管。

（三）创新技术应用场景，推进数字技术与教育深度融合

一是加深对教育数字化转型的认识，从全领域、全要素、全流程、全业务的视角，系统设计和推动数字技术在教育中的应用场景创新，常态化发布数字技术教育应用场景清单。二是深入挖掘基础教育高质量发展的内在要求，从提升育人质量角度，依据基础教育阶段学生认知特点、教学规律和师生需求，积极探索中小学智慧教育平台等重点场景建设。三是持续推进"智慧教育示范区""基于教学改革、融合信息技术的新型教与学模式实验区"建设，培育打造一批具有引领性、示范性和推广性的标杆场景与示范方案。四是加强教育场景开放合作，在保证学校育人主阵地的前提下，拓展数字技术场景创新合作对接渠道。五是提升教师数字应用素养，建立以课堂常态化应用为重点的教师数字应用能力研训体系，完善教师数字应用素养标准和评价方式。

（四）健全数字化公共服务体系，营造良好数字生态

一是完善教育领域数据治理制度和标准体系，加强跨平台、跨区域数据汇聚融合，建立教育大数据开放服务体系，依法依规促进数据高效共享和有序开发利用，充分释放数据要素价值。二是加强全国中小学管理服务平台建设，拓宽数字化教育公共服务功能与渠道，为学校提供普惠、全面、优质、高效的数字化管理工具和家校沟通平台，推动教育治理模式向数据化、智能化转型。三是构建以全面发展为目标的学生数字素养培养体系，着力弥合群体间"数字鸿沟"，特别是"使用鸿沟"。四

是提升教育督导和监测数字化水平，关注对过程性指标的动态采集、评价和诊断。

（五）强化技术治理，提升智慧教育安全保障水平

一是依据《中华人民共和国网络安全法》等法规政策要求，持续加强教育数据和网络安全保障能力，及时更新相关制度，保证重要数据和关键信息基础设施安全，维护网络安全。二是加强科技伦理研究，加强监测预警和规制应对，健全数据和算法的有效监管机制，确保数字技术融入教育生态的规范性和有序性。三是加强对新技术、新方法在大规模应用前的研究工作，建立数字技术在教育领域应用的成熟度和可行性评估机制。

第七章

2022 年
中国智慧教育发展
指数（职业教育）
报告

　　近年来，随着数字中国建设和国家教育数字化战略行动的持续推进，中国职业教育领域在智慧教育的软硬件建设方面都取得了较大突破，数字技术在助教、助学、助管、助研、助政等方面发挥的作用日益凸显。特别是在新冠肺炎疫情防控期间，关于智慧教育的理念、方法和手段，在职业教育课程教学、实习实训、校园管理、校企合作等方面都达成了广泛的思想共识，形成了多样化应用场景下的有效教学实践。本章通过构建指标体系、测算发展指数，分析了中国职业教育领域智慧教育的发展现状，并提出了未来的发展方向。

一、职业教育领域智慧教育发展评价指标体系

　　职业教育领域智慧教育发展评价指标体系包括 4 个一级维度（基础环境、教学实施、教育治理、人才素养），12 个二级维度（设施设备、数字教育资源、网络学习空间、教师数字素养、资源交互应用、教学形式变革、教学评价数字转型、数据基座、治理水平、网络与数据安全、学生数字素养、劳动者数字技能），以及 27 个评价指标（见表 7-1）。

表 7-1　职业教育领域智慧教育发展评价指标体系

一级维度	二级维度	评价指标
基础环境	设施设备	接入互联网的学校比例（%）
		无线网络全覆盖的学校比例（%）
		师生教学用数字终端拥有率（%）
		教学用网络多媒体教室占比（%）
	数字教育资源	智慧教育平台资源对职业教育专业的覆盖率（%）

续表

一级维度	二级维度	评价指标
基础环境	网络学习空间	开通网络学习空间的学校比例（%）
教学实施	教师数字素养	教师数字素养合格率（%）★
	资源交互应用	智慧教育平台的师生活跃用户比例（%）
		智慧教育平台课程资源有效应用率（%）
		智慧教育平台教育资源推送触达率（%）★
	教学形式变革	混合式教学在教师中的普及率（%）
		虚拟仿真教学资源建设率（%）★
		在线个性化学习普及率（%）
		教师网络研修普及率（%）
	教学评价数字转型	数字化学习评价覆盖率（%）
		数字化教学督导普及率（%）
教育治理	数据基座	职业教育基础数据覆盖率（%）
		数字化学校状态监测普及率（%）
	治理水平	校级管理信息系统管理功能健全率（%）
		具备教师教学信息技术常态化应用制度的学校比例（%）
		建立信息化工作和管理制度的学校比例（%）
	网络与数据安全	具备网络安全管理制度的学校比例（%）
人才素养	学生数字素养	学生数字素养合格率（%）★
		数字化相关专业在校生比例（%）
		学生终身学习能力水平★
	劳动者数字技能	数字化相关专业毕业生对口就业率（%）
		数字化人力资本水平

注：★表示该指标暂无数值。

2022 年中国智慧教育发展指数（职业教育）的测算数据主要来自教育部发展规划司、科学技术与信息化司、职业教育与成人教育司、高校学生司、教育信息化战略研究基地（华中）等相关单位，以及国家职业教育智慧教育平台和《数字经济与社会指数》系列报告中的部分数据。

目前，在职业教育领域智慧教育发展评价指标体系的 27 个指标中，可采集并用于指数测算的指标有 22 个，无法采集到数据的指标有 5 个。在指数合成过程中，对于数据不可收集但有替代性指标的指标暂时采用替代性指标，对于数据不可收集且无替代性指标的指标暂不纳入计算。

二、测算结果

经测算，2022 年中国智慧教育发展指数（职业教育）为 0.74。职业教育在教育治理和人才素养方面发展水平相对更高，在基础环境和教学实施方面发展水平相对偏低（见图 7–1）。

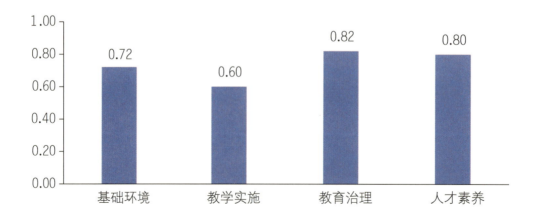

图 7–1　2022 年中国智慧教育发展指数（职业教育）分维度测算结果

（一）基础环境情况

基础环境指数为 0.72，表明中国职业教育基础办学环境初步实现智能化。网络和数字终端等基础设施设备逐步普及，职业教育数字教育资源愈加丰富。职业学校中接入互联网的学校比例为 98.99%，无线网络全覆盖的学校比例为 73.49%，教学用网络多媒体教室在职业学校教室总数中的占比为 61.68%，开通网络学习空间的学校占比达到 84.97%。国家职业教育智慧教育平台资源对职业教育专业的覆盖率达到 67.47%[①]（见图 7-2）。

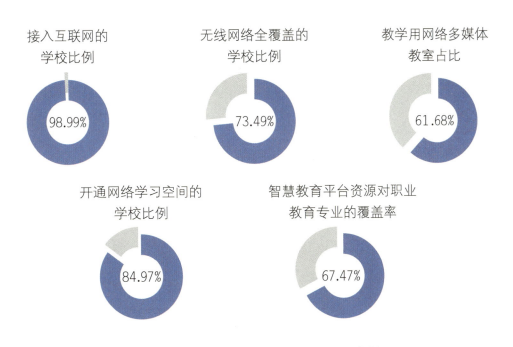

图 7-2 基础环境维度部分指标基本情况

---

① 此数值为国家职业教育智慧教育平台资源对高等职业教育专科专业的覆盖率。

（二）教学实施情况

教学实施指数为 0.60，表明中国职业教育课程教学实施逐步走向个性化。职业教育教学形式发生较大变化，有 54.25% 的职业学校教师使用在线平台开展混合式教学，有 68.87% 的学生运用网络学习空间开展在线个性化学习，有 66.62% 的教师应用网络学习空间开展教学研修。国家职业教育智慧教育平台课程资源有效应用率为 63.61%。数字技术已逐步运用于课程评价及教学督导，国家职业教育智慧教育平台课程资源库的数字化学习评价覆盖率达 77.99%，职业学校数字化教学督导普及率为 25.65%[①]（见图 7-3）。

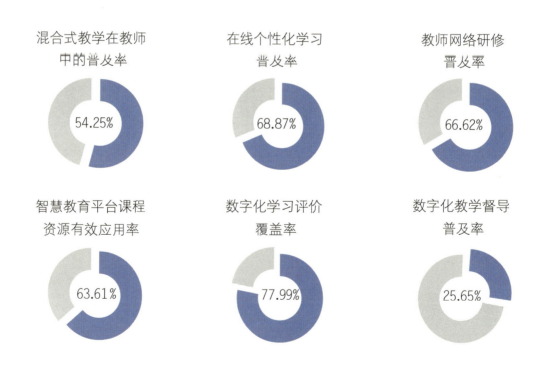

图 7-3　教学实施维度部分指标基本情况

---

① 　此数值为高职（专科）学校数字化教学督导普及率。

（三）教育治理情况

教育治理指数为 0.82，表明中国职业教育"智"理逐步实现。职业教育基础数据建设愈发成熟，职业教育治理模式不断革新，已从"人管、电控"走向智能化，治理水平不断提升。职业教育基础数据覆盖率为100%，职业教育数字化学校状态监测普及率为 100%。35.82% 的职业学校具有功能较为健全的校级管理信息系统，50.32% 的职业学校具备教师教学信息技术常态化应用制度，75.59% 的职业学校已建立信息化工作和管理制度。目前已有 93.73% 的学校建立了健全的网络安全管理制度，职业教育网络安全与数据安全保障有力（见图 7-4）。

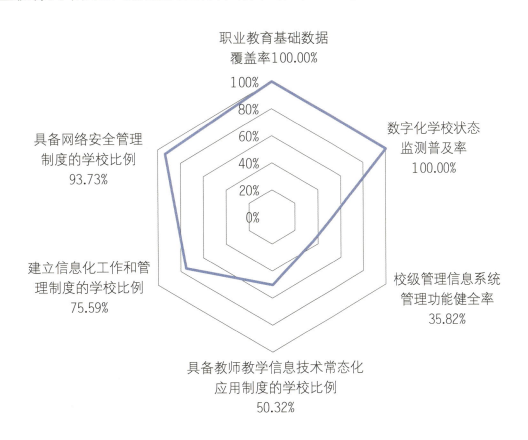

图 7-4 教育治理维度指标基本情况

（四）人才素养情况

人才素养指数为 0.80，表明中国职业教育数字化人才培养初具规模。中国职业教育持续推进专业升级与数字化改造，培养了一大批适应时代发展需要的高数字素养人才。职业教育数字化相关专业在校生比例为 33.55%（见图 7-5），73.41% 的相关专业毕业生进入数字经济主要行业就业，为中国数字经济发展提供了有力的人才支撑。从社会层面看，中国数字化人力资本水平为 0.47[1]，仍有较大的提升空间。

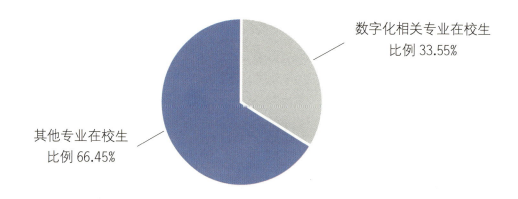

图 7-5 职业教育数字化相关专业和其他专业在校生比例

---

[1] 中国数字化人力资本水平的原始数值为 47，计量的标准区间为 [1,100]。为便于比较，将指标数值归一化至 [0,1]，转换后得到的值为 0.47。

三、成效与不足

（一）主要成效

1. 基础设施持续改善，育人环境不断优化

加快职业教育数字化发展步伐，是改善职业学校办学条件的具体行动，是革新职业教育育人模式的关键举措，是推动职业教育高质量发展的重要途径。目前，中国职业学校互联网接入率接近 100%，无线网络全覆盖的学校占比超过七成，拥有数字终端 770 万余台，配置网络多媒体教室 52 万余间，为培养更多高素质技术技能人才、能工巧匠、大国工匠奠定了坚实基础。

2. 数字资源供给能力增强，共享覆盖范围不断扩大

为深入推进国家教育数字化战略行动，在教育部职业教育与成人教育司的周密组织和统筹协调下，试点省份和职业学校立足实际，自主开发数字教育资源，上线数量丰富、类型多样、特色鲜明的优质资源，并依托相关公共服务平台实现优质资源共建共享。2022 年 3 月，国家职业教育智慧教育平台正式上线。截至 2022 年 12 月底，该平台提供在线课程 3.2 万门（其中虚拟仿真类课程 200 余门），上线专业教学资源库 1317个，覆盖专业近 600 个。多个省份建成省级职业教育智慧教育平台，并与国家平台实现对接，有效支持了不同地区、学段、学校、专业的师生共享优质教育资源。

3. 网络学习空间推动教学模式变革

国家基于云服务模式建立的实名制、组织化、可控可管的网络学习空间，推动了教学模式变革。在 2014 年教育部、财政部、国家发展改革委、工业和信息化部、中国人民银行印发的《构建利用信息化手段扩大优质教育资源覆盖面有效机制的实施方案》，2018 年教育部发布的《教育信息化 2.0 行动计划》《关于加强网络学习空间建设与应用的指导意见》等多个文件的指导下，在教育部办公厅每年发布的网络学习空间普及活动通知的推动下，目前已有近七成教师和学生利用网络学习空间开展教学和学习，正向"网络学习空间人人通"目标迈进。

4. 智慧教育推动实习实训难题破解

实习实训是提升职业教育人才培养质量的重要环节。虚拟仿真实习实训能有效弥补职业教育传统实习实训中的看不到、进不去、成本高、危险性大等不足。国家大力建设职业教育虚拟仿真实训基地，并于 2021 年公布了 215 个职业教育示范性虚拟仿真实训基地培育项目。职业学校探索运用虚拟仿真、数字孪生等数字资源，创设教学场景，创新教学手段，推动了实习实训难题解决。

5. 大数据推动教育评价变革

随着教育大数据平台的建设，教育行政部门和职业学校以大数据为基础，不断优化分析模型，推动教育评价变革，提高教育教学质量。以大数据为基础的教育评价，打破了传统数据来源相对单一化、片段化、零散化的局限性，使教育评价更加精准、结果更加可信。部分学校已经开展了运用大数据实施教育评价的实践探索，推动学校的重大决策更加有据可依。

6. 职业教育数字化监测基本普及

全国职业学校人才培养工作状态数据平台从 2008 年启动至今，已覆盖全国所有职业学校。其中，高等职业院校人才培养工作状态数据采集与管理平台历经 14 年的连续数据采集，为教育行政部门科学宏观决策、部署重大项目提供了必要参考，为职业院校深化改革、规范教学管理提供了重要抓手，为职业院校质量年度报告、资源库建设与应用分析报告等第三方评价提供了数据支撑。全国中等职业学校人才培养工作状态数据管理系统当前已实现与国家级业务系统、部分省市级业务系统的数据关联、匹配和流转共享，通过记录学校以及区域中等职业教育的发展轨迹，全面反映了中等职业教育办学成效、发展趋势和存在问题。

7. 形成职业教育资源共享机制

资源开发机制的建立和资源共享模式的形成是优质数字资源开发与应用的关键。目前中国已建立职业教育数字资源开发机制，包括"政府工程项目"机制，主要负责统筹资源开发；"建设资源基地"机制，保证资源开发的持续性与集中性；"推进协作共建"机制，以全国职业教育数字化优质资源共建共享联盟为依托，促进资源协同开发；"社会征集评审"机制，通过向社会征集资源，扩充国家职业教育数字化信息资源库内容，通过网络建设来完成资源共享。其中，教育部联合财政部于 2010 年启动实施的"国家级职业教育专业教学资源库"项目，对于丰富职业教育专业教学资源，创新校校合作、校企合作的共建共享模式具有重要推动作用。

8. 推动专业升级与数字化改造

专业目录是职业学校专业设置与招生的基本依据，也是职业教育服务经济社会发展的重要观测点。2019 年，国务院印发《国家职业教育改革实施方案》，要求持续更新并推进专业目录建设。教育部积极贯彻落实职业教育专业动态更新要求，于 2021 年发布了《职业教育专业目录（2021 年）》。新版专业目录匹配经济社会发展和产业变革需要，新增专业 269 个，专业总体调整幅度超过 60%，优化并加强了数字化相关领域的专业设置，推进了职业教育专业数字化升级改造。在新版专业目录的指引下，职业学校及时调整优化专业布局，深化人才培养改革，加大数字化人才培养力度，为智能时代数字经济发展提供了重要的人力资源储备。

（二）存在不足

1. 基础设施建设有待均衡和完善

职业教育领域智慧教育基础设施建设明显弱于普通高等教育，并且在区域之间、学段之间、学校之间、专业之间存在差距，优质均衡协调发展难度较大。职业教育智慧教育应用终端较为单一，对多种插件和端口的高适配性不足，不同平台之间未能实现有效兼容和转换。部分区域和职业学校办学条件相对薄弱，无法有效满足智慧教育本地化的部署和要求。

2. 精品数字教育资源还不够丰富

职业教育领域现有数字教育资源量，特别是精品数字资源量还不够充足，无法有效满足职业教育领域不同主体的个性化、多样化需求。虚拟仿真课程资源数量不足且有效性不够，与真实的生产环境存在差距，无法完全替代真实环境的实习实训。现有数字教育资源还无法全面覆盖公共基础课、专业课和实践实训课，无法有效满足职业教育不同学段师生需求。现有数字教育资源呈现形式较为传统和单一，新形态教育资源较为匮乏。

3. 师生对智慧教育理念的理解与应用不够深入

当前，智慧教育仍是一项新鲜事物，需要在教育教学实践中不断丰富与完善。职业学校师生对智慧教育的理念理解不够深刻，将智慧教育理念运用于教学形式变革的主动性不足，运用智慧教育课程资源的积极性不足，智慧教育的优势尚未在教学过程与效果中充分实现。从国家职业教育智慧教育平台的应用情况来看，每周登录一次及以上的职业学校师生约有 83.92 万人，与职业学校师生总数相差较远，活跃用户仍然偏少。师生对智慧教育理念理解与资源应用的差异，使教育教学效果在一定程度上出现了两极分化的现象。

4. 职业学校数字化教育监管尚缺乏统筹规划和安全保障

部分职业学校在推进数字校园建设与发展过程中，没有明确的目标和发展愿景，对数字化建设的目标要求、重点内容、优先次序缺乏系统思考，造成数字校园建设工作中重建设、轻应用等现象普遍存在。部分学校的数字校园规划设计、建设与实施依靠社会企业或团体，网络与信息安全和保障问题凸显，数字化设施与系统的运维以及安全管理问题没有得到应有的重视。

5. 数字技能职业教育培训体系亟须完善

欧盟委员会发布的《数字经济与社会指数》系列报告显示，中国劳动者数字技能尚处于中等水平，仍有较大提升空间。虽然中国正通过《提升全民数字素养与技能行动纲要》《"十四五"国家信息化规划》等文件的实施，着力构建面向全民的数字素养终身学习体系，但由于实施时间短，全民数字素养与技能水平的提升效果尚未显现，数字技能职业教育培训体系亟待完善。

四、发展方向

（一）优化智慧教育资源投入，接续完善基础设施建设

1. 扩大有效投入，加大制度创新

进一步加大资源统筹力度，按照"总量持续增加、比例科学提高"的原则，不断扩大智慧教育有效投入，加快职业教育智慧教育基础设施建设。加快研制国家职业教育智慧教育有关标准或规范，加强对各地各校智慧教育开展情况进行调研和督导。进一步健全和完善数字教育资源的原创资源版权规定、激励机制和共享机制，提高智慧教育相关利益主体的积极性和融入度。

2. 坚持需求导向，增加优质资源供给

从相关主体实际需求出发，因地制宜、因段分层、因校分类、因人施策，深度挖掘职业教育智慧教育要素。一方面要盘活现有海量资源，梳理、筛选、提炼出更多深受师生欢迎的优质资源，广泛应用于教学；另一方面要增加优质供给，扩大有效供给，减少无效供给。增加虚拟仿真课等优质课程资源数量，提高虚拟仿真实训平台和课程使用频率，推动职业教育实习实训高水平发展。采用"共建众享"模式，动态生成一大批形态多样的优质数字资源，并不断实现优质数字资源的深度应用和

聚合发展。健全完善国家职业教育智慧教育管理体制机制，推动形成优质资源从学校开发应用到省级应用评价再到国家全域共享的贯通体系。

（二）提升师生数字化应用能力，提高平台用户活跃度

1. 提升师生数字化应用能力

向职业学校师生普及智慧教育理念，丰富实施智慧教育的路径方法。提高师生数字素养与技能，全面提升师生数字化适应力、胜任力和创造力，推动数字化技术真正融入教学，创新教学形式，提高教学质量，化解"线上教学成为线下教育翻版"和学生间学习差距变大的问题。

2. 提高智慧教育平台的用户活跃度

进一步根据专业大类统筹资源，提高课程资源的系统性、完整性及整体质量，提高在线教学平台对混合式教学环境的支持度。进一步细分用户需求，借鉴商业平台的推送机制，建立主动向用户推送相关课程资源的机制，提高用户对课程的利用率。进一步加大课程学习反馈，完善学分认证与转换机制，提高用户运用课程的主动性。

（三）建立数字化治理体系，健全数字化管理机制

1. 建立依法自主管理、民主监督、社会参与的数字化治理体系

当前中国已制定相关政策和法律法规促进职业教育数字化建设，但还需要在政府主导下，通过进一步强化落实和持续推进职业教育数字化治理体系建设、加大多元主体的参与力度、充分利用现有职业教育数字化资源，建立职业教育人才培养工作的自我诊断、反馈、改进机制，为

职业教育数字化可持续健康发展提供保障。

2. 健全数字化管理机制，增强数字化管理素养和能力

职业学校要以落实《职业院校数字校园建设规范》为重点，制定和完善数字校园建设规划，做好管理信息系统整体设计，建设数据集中、系统集成的应用环境；建立数字化相关管理制度，成立专门机构，确定专职人员，建立健全管理信息系统应用和技术支持服务体系；强化管理人员数字化意识和应用能力，提高运用信息化手段对各类数据进行记录、更新、采集、分析及诊断以改进学校管理的能力。

（四）提升数字化教育水平，完善数字技能培训体系

1. 制定数字素养国家框架

从国家层面设计制定数字素养框架，研制配套的系统化、科学化、专业化的数字素养提升方法体系，提升全民获取与使用数字资源的意识与能力。积极探索符合国情的职业教育数字技能国家标准，将数字技能作为一种职业能力纳入评估范围。

2. 推进学校教育数字化转型

加强职业学校数字化相关专业建设，增设数字化相关必修课程，推进数字化精品课程与实习实训基地建设，打造一批高水平数字技能职业学校，为学生提升数字素养提供良好的外部环境。完善数字化人才培养机制，将学生数字素养纳入综合素质评价，鼓励学生运用数字技术进行创新创业，引导学生加强数字技能的学习与应用。

3. 完善数字技能职业教育培训体系

加大数字技能职业培训的力度与广度，根据行业及岗位特征研制数

字技能培训标准与培训内容，规范数字技能职业培训。搭建一批数字学习服务平台，整合丰富数字经济、数字社会等领域线上培训资源，面向全民尤其是劳动者开放数字技能培训公益课程，着力构建面向全民的终身数字学习体系。

第八章

2022 年
中国智慧教育发展
指数（高等教育）
报告

发展智慧教育是贯彻落实党的二十大科教兴国战略、人才强国战略、创新驱动发展战略的重要先手棋，是加速实现教育现代化、建设高等教育强国的新领域新赛道，为办人民满意的教育、建设高质量教育体系注入新优势新动能。当前以人工智能为代表的新一代信息技术在高等教育领域的全面覆盖与应用，加速了高等教育全要素、全流程和各环节的重组、重塑与重构。教学环境的技术支持、教育资源的平台共享、服务与管理的精细化等一系列变化，促进了高等教育理念、教学模式、教育治理等多方面的整体性变革，赋能高校人才培养改革，全面推动了高等教育向智慧教育新形态转型。本章整体反映中国高等教育领域智慧教育的发展现状，为有效推进智慧教育的持续发展提供参考。

一、高等教育领域智慧教育发展评价指标体系

高等教育领域智慧教育发展评价指标体系分为基础环境、教学实施、教育治理、人才素养 4 个一级维度，12 个二级维度。经广泛征求教育行政部门、中国高等教育学会、高校、科研机构和行业等有关机构的专家意见，兼顾指标引领性和数据可得性，最后确定了 26 个评价指标，具体见表 8-1。

表 8-1　高等教育领域智慧教育发展评价指标体系[①]

一级维度	二级维度	评价指标
基础环境	设施设备	接入互联网的学校比例（%）
		无线网络全覆盖的学校比例（%）
		网络多媒体教室占教室总数的比例（%）
	数字教育资源	公共数字高等教育资源量（条）
		公共数字化课程资源量（门）
	智慧教育环境	智慧校园建设中新一代信息技术的应用率（%）
教学实施	教师数字素养	教师数字素养合格率（%）★
	资源交互应用	数字化课程资源有效使用率（%）
		公共数字教育平台用户活跃度（次/人）
	教学形式变革	混合式教学普及率（%）
		大数据中心支持课堂教学的普及率（%）
		境外平台慕课开放共享率（%）
		人工智能技术辅助教学应用率（%）
	教学评价数字转型	数字化过程评价普及率（%）
		网络在线课程学分认定的学校比例（%）

[①]　高等教育领域智慧教育发展评价指标体系与基础教育和职业教育的指标体系不完全相同。高等教育领域智慧教育发展评价指标体系并未纳入不适用于评价高等教育阶段智慧教育发展水平的指标，如师生教学用数字终端拥有率、开通网络学习空间的教师比例和学生比例、网络研修普及率、数字化教育督导普及率等，但纳入了体现高等教育领域智慧教育发展方向的指标，如智慧校园建设中新一代信息技术的应用率、大数据中心支持课堂教学的普及率、境外平台慕课开放共享率、人工智能技术辅助教学应用率、网络在线课程学分认定的学校比例、校级数据中心覆盖率、一站式校务管理服务普及率、数字化科研服务普及率、公共平台数字化就业服务覆盖率等。

续表

一级维度	二级维度	评价指标
教育治理	数据基座	校级数据中心覆盖率（%）
		学校信息系统实现数据统筹管理的覆盖率（%）
	治理水平	一站式校务管理服务普及率（%）
		建立信息化工作和管理制度的学校比例（%）
		数字化科研服务普及率（%）
		公共平台数字化就业服务覆盖率（%）
	网络与数据安全	具备网络安全管理制度的学校比例（%）
人才素养	学生数字素养	数字化相关学科毕业生比例（%）
		毕业生数字素养水平测试合格率（%）★
		学生终身学习能力水平★
	劳动者数字技能	经济活动人口的数字技能水平

注：★表示该指标暂无数值。

　　4个一级维度及其评价指标覆盖了中国高等教育领域智慧教育发展的重要方面，具体体现如下。

　　基础环境维度及其评价指标共同反映学校为开展教学活动所进行的设施设备、数字教育资源及智慧教育环境建设的情况。其中，设施设备主要反映学校智慧教育的基础设施设备配套情况，数字教育资源主要反映数字教育资源的建设情况，智慧教育环境主要反映新一代信息技术在智慧校园建设中的应用情况。

　　教学实施维度及其评价指标共同反映高校应用新一代信息技术开展教与学的情况。其中，教师数字素养是开展智慧教育教学活动的基础；

资源交互应用主要反映数字教育资源的有效使用情况及平台的用户活跃程度；教学形式变革主要反映新一代信息技术对教学形式创新应用的影响；教学评价数字转型主要反映借助信息技术手段实现过程性评价的情况，以及在线教育学分认定等创新性评价方式的应用情况。

教育治理维度及其评价指标共同反映学校应用智慧教育手段推进高等教育治理体系优化的状况。其中，数据基座主要反映基础数据的建设和统筹共享情况，治理水平体现学校管理者利用新一代信息技术提高管理效率和服务水平的情况，网络与数据安全为教育治理提供坚实的保障。

人才素养维度及其指标共同反映智慧教育推动的高等教育育人目标的实现及社会溢出效果情况。其中，学生数字素养主要反映毕业生的数字素养水平及高等教育为社会培养的数字化相关人才情况，劳动者数字技能主要反映高等教育为经济社会提供的具有数字技能的人才情况。

2022 年中国智慧教育发展指数（高等教育）的测算数据主要来自教育部发展规划司、教育部科学技术与信息化司、教育部高等教育司、教育部教育信息化战略研究基地（华中）、教育部高等学校科学研究发展中心、教育部教育质量评估中心等相关单位，以及国家高等教育智慧教育平台、教育部官方网站、《2019 年全球竞争力报告》。

在指数合成过程中，对于数据不可收集的指标，暂不纳入指数计算；对于数据可收集但暂无理论最优值的指标，也暂不纳入指数计算。目前，指标体系中有 3 项指标暂无数据，有 5 项指标暂无理论最优值，因此 2022 年参与指数测算的指标共 18 个，其余指标数据以描述分析形式呈现。

二、测算结果

经测算，2022 年中国智慧教育发展指数（高等教育）为 0.79，达到较高水平，体现了高等教育领域智慧教育的导向性和引领性。从分维度指数得分看（见图 8-1），基础环境方面的智慧化发展水平相对最高，人才素养和教育治理方面的发展水平紧随其后，教学实施方面的智慧化发展水平相对略低。

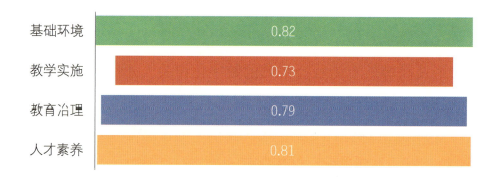

图 8-1　2022 年中国智慧教育发展指数（高等教育）分维度测算结果

（一）基础环境情况

基础环境指数为 0.82，表明中国高等教育领域智慧教育在基础设施设备、数字教育资源方面的建设成效良好。一方面，高校基础设施设备能满足智慧教育的基本需求，高校互联网接入率达 100%，76.85%的高校实现了无线网络全覆盖，网络多媒体教室占教室总数的比例为60.28%，智慧校园建设中新一代信息技术的应用率达 89.22%。另一方面，高等教育数字资源非常丰富，普通高校在公共平台上开放共享的慕课、资源共享课和视频公开课等数字化课程达 31.87 万门。截至 2022 年12 月底，慕课上线数量超过 6.45 万门，学习人数达 10.88 亿人次，国家高等教育智慧教育平台汇聚了 20 余个公共平台的 2.7 万门优质慕课，以及 6.5 万余条教材、课件、案例等各类资源。平台还链接了爱课程（iCourse）和学堂在线（xuetangX）两个在线教学国际平台，向世界提供近千门多语种课程。

从各省份无线网络全覆盖的学校比例来看（见图 8-2），最高值为91.67%，最低值为 40.00%，大部分省份的比例分布在 70% 到 90% 之间，有 16 个省份高于全国平均水平。

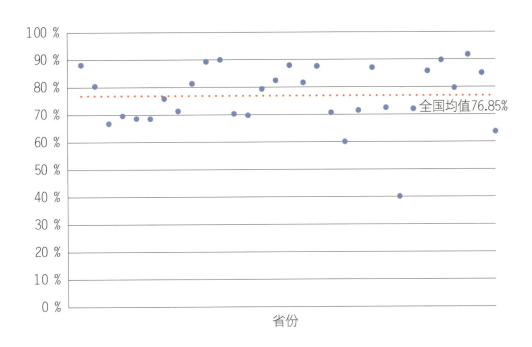

图 8-2　各省份无线网络全覆盖的学校比例 [①]

① 图中散点表示全国 31 个省份的数据，做匿名处理，本章的图 8-3、图 8-5、图 8-6 做同样处理。

各省份普通高校网络多媒体教室占比情况如图 8-3 所示，最高值为 81.31%，最低值为 44.56%，大部分省份的网络多媒体教室占比分布在 50% 至 70% 之间，高于全国平均水平的省份共有 15 个。

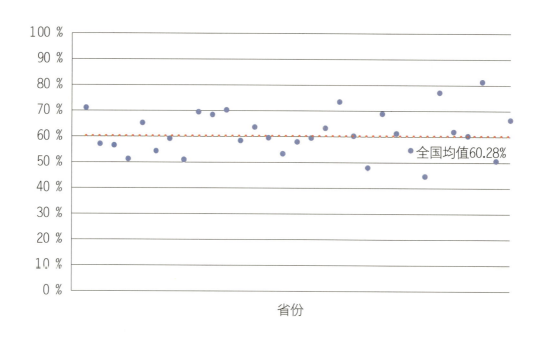

图 8-3　各省份网络多媒体教室占教室总数的比例

（二）教学实施情况

教学实施指数为 0.73，反映出基于中国智慧教育基础环境开展高等教育教学改革创新的实践还有提升空间，但从一些指标的表现看，"应用为王"的趋势显现。例如，国家高等教育智慧教育平台的资源得到充分使用，数字化课程资源有效使用率达 76.51%，用户活跃度为 31.03 次 / 人。截至 2022 年 12 月，小规模限制性在线课程（SPOC）总选课量达 12.4 亿人次。在"慕课西部行计划"中，专门为西部高校提供 18.39 万门慕课及订制课程服务，帮助西部地区开展混合式教学 378.45 万门次，实现了西部高校全覆盖。中国高校有 4.28% 的慕课在境外平台实现开放共享。

新技术应用引发教学变革，普通高校混合式教学普及率达 100%，63.22% 的高校运用大数据中心支持课堂教学，33.14% 的高校使用人工智能技术辅助教学。教学评价逐步实现数字化转型，高校数字化过程评价普及率达 53.35%，72.49% 的高校可进行网络在线课程的学分认定，如图 8-4 所示。

大数据中心支持　　人工智能技术　　数字化过程评价　　网络在线课程学分
课堂教学的普及率　　辅助教学应用率　　　普及率　　　　认定的学校比例

63.22%　　　33.14%　　　53.35%　　　72.49%

图 8-4　部分教学变革相关指标情况

（三）教育治理情况

教育治理指数为 0.79，处于较高的发展水平。97.30% 的高校建立了信息化工作和管理制度，73.81% 的高校建设了校级数据中心，99.04% 的高校信息系统可实现数据的统筹管理，56.85% 的高校可提供一站式校务管理服务，81.44% 的高校可提供数字化科研服务[①]。在"国家大学生就业服务平台——24365 校园招聘服务"注册的高校毕业生已达 48.23%。

---

① 数字化科研服务包括科研项目协作交流、科研实验数据共享、大型仪器设备网上预订、科学文献共享、高性能计算等。

全国 1238 所普通本科、32 所职业本科院校的基本教学状态数据均已纳入高等教育质量监测国家数据平台，用于办学质量年度监测。网络与数据安全工作受到高度重视，已有 98.03% 的高校建立了健全的网络安全管理制度。中国高等教育积极参与全球教育治理，中国发起和成立了世界慕课与在线教育联盟，与 11 个国家的 13 所世界著名大学实行了学分互认，开设 168 门融合式课程，国际影响不断扩大。

其中，各省份校级数据中心的建设情况如图 8-5 所示，最高值为 100%，最低值为 50.00%，大部分省份的校级数据中心覆盖率分布在 60% 至 85% 之间，高于全国平均水平的省份共有 16 个。

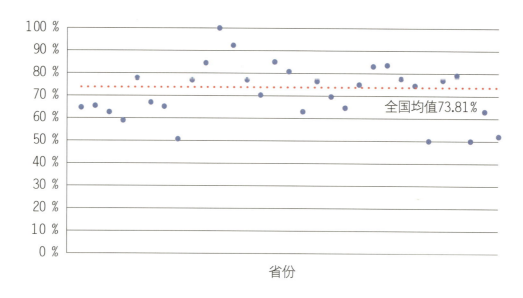

图 8-5　各省份校级数据中心覆盖率 [①]

---

① 该项指标的数据分为中央部门所属高校数据和地方所属高校数据，分省数据不包括中央部门所属高校，且由于未获得校级数据，无法将中央部门所属高校的总体数据划分到各省。因此，图 8-5 中的全国均值包括中央部门所属高校和地方所属高校，但分省数值仅包括地方所属高校，中央部门所属高校没有纳入分省覆盖率的计算。

从各省份一站式校务管理服务普及情况看，如图 8-6 所示，最高值为 100%，最低值为 31.25%，省份间的标准差为 0.179，各省份的普及情况差异相对较大，其中有 18 个省份高于全国平均水平。

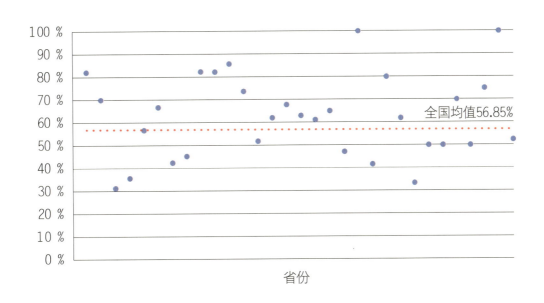

图 8-6　各省份一站式校务管理服务普及率

（四）人才素养情况

人才素养指数为 0.81，表现较好。2021 年高校数字化相关学科毕业生比例为 40.77%（见图 8-7），在国际范围内处于较高水平，但未来还需进一步将数字化相关技术与各学科专业的人才培养过程结合。从全社会范围看，经济活动人口的数字技能水平指数达 0.62[①]，在国际范围内处于前三分之一位置。高等教育人才培养学科结构和规模较好满足了数字

---

① 经济活动人口的数字技能水平指数原始数值为 4.7，计量的标准区间为 [1,7]。为便于直观比较，将指标均归一化至 [0,1]，转换后得到的值为 0.62。

经济的发展需要，为数字中国建设提供了必要的人才支撑。

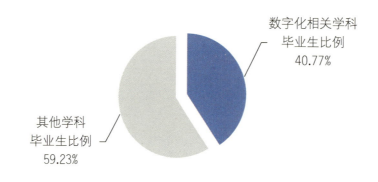

图8-7　数字化相关学科和其他学科毕业生比例

三、成效与不足

（一）主要成效

第一，**高等教育智慧学习环境基本形成，分层分类建设的数字资源平台形成人人可及的学习网络**。中国长期着力进行信息化建设，为智慧教育的开展提供了泛在的学习环境。基于新一代信息技术的高等教育设施设备基本普及，国家、区域、高校、社会的数字资源平台建设为学习者创建了更个性化的、更具开放性和交互性的学习环境，提供了"处处能学、时时可学"的基本条件。以国家高等教育智慧教育平台为代表的数字资源平台，汇聚海量优质教育资源，为高校师生和社会学习者提供高等教育课程和教学服务，使"人人皆学"成为可能。在全球规模最大、门类最全、用户最多的国家高等教育智慧教育平台上，国内国际的优质大学、优质教师、优质课程等优质资源触手可及。

第二，智慧教育资源及应用实现跨时空共创共享，人工智能等新技术创新高等教育教学变革。中国智慧教育已经从重视建设的阶段发展到重视应用的阶段，正在经历从"应用"到"深度应用"的过渡期。中国高校全力推动新一代信息技术与教育教学深入融合，积极探索教育教学理念和方式方法的变革创新，高校教与学趋向多样化和个性化发展，慕课和 SPOC 大量涌现，线上教学成为新常态。技术赋能、大数据驱动的教育教学评价呈现过程化、系统化特征，更加全面且更具针对性。优质数字教育资源在更大范围实现共享，不仅被用于支持新冠肺炎疫情防控中的"停课不停学"，还被用于"强校带弱校"支持中西部发展、促进教育公平，充分展示了智慧教育在促进中国高等教育协调发展中的重要作用，体现了中国高等教育服务经济社会发展的国家义务、国家格局、国家质量和国家品牌。

第三，高等教育数字化发展的制度建设成效显著，大数据驱动的教育治理能力持续提升。智慧教育新形态下，中国高等教育治理体系不断完善，信息化工作和管理制度基本健全，网络与数据安全受到高度重视且有充分的制度保障，教育治理新模式不断涌现。高校数据基座稳固，基础数据建设成熟。高校校级数据中心的建立和对数据的统筹管理逐步打破校内信息壁垒。大数据驱动下的高等教育治理为各级教育行政部门和高校师生提供更加精准、科学、高效的助教、助学、助研和助管服务。

第四，数字人才实现多学科大规模培养，劳动者数字素养水平较高，有力支撑数字中国建设。经过几十年的教育信息化建设和发展，中国高等教育人才培养的学科结构和培养规模能够较好满足数字经济的发展需要。高校教师和学生表现出较好的数字素养，能够运用新技术开展教与学活动。特别是新冠肺炎疫情防控期间，中国高校成功实现了全区域、全覆盖、全方位的在线教学，充分展示了广大高校师生的信息技术素养和数字素养。中国劳动者数字素养处于较高水平，为缩小数字鸿沟、发展数字经济、建设数字中国提供了重要的人才支撑。

第五，智慧教育加速建立中国高等教育话语权，中国慕课和在线教育引领高等教育国际发展新模式。中国慕课数量和应用规模世界第一，已成为中国高等教育国际化的标志性成就。中国上线慕课数量超过6.45万门，学习人数达10.88亿人次。国家高等教育智慧教育平台覆盖166个国家和地区。海内外学生通过点击爱课程（iCourse）和学堂在线（xuetangX）在线教学国际平台，可学习其中1000余门多语种课程。中国高等教育向印度尼西亚等国家捐赠100多门课程。中国高等教育影响力不断扩大。国际上，中国发起和成立了世界慕课与在线教育联盟，开展了50余场全球在线教育交流，推出全球公开课，中国高等教育领域的智慧教育正在世界范围内建立自己的话语权。

（二）存在不足

第一，高等教育领域智慧教育基础设施建设尚不均衡。中国高校信息化建设成效显著，总体上智慧学习环境的基本条件已经具备，但在中西部地区，依然存在基础设施建设不足的问题，无线网络全覆盖的学校比例和网络多媒体教室覆盖率有待提升。调研发现，新冠肺炎疫情防控期间部分高校的智慧校园建设出现了在线教育平台和系统的流畅度、稳定性及易用性不理想的问题。

第二，新技术在教育教学中的应用还不够深入。国家智慧教育公共服务平台汇聚了海量优质资源并得到广泛应用，但相对于庞大的人口规模和日益多样化的需求，资源总量和应用率都还有一定的提升空间。国家高等教育智慧教育平台尚未开通精准推送个性化资源的功能，平台的交互应用功能仍需优化。信息技术在教育教学中的应用存在缺位与错位现象，一些教师探索智慧教学变革的积极性有待提高，运用新技术促进教育教学实践的实际效果有待提升，一些高校和学科还没找到新技术的恰当运用场景。

第三，高等教育治理尚未实现多元协同与精准化。高校依托数字技术，基本构建了数据融通、服务升级、安全可靠的智慧教育治理体系。目前存在的不足，一是教育主体之间的协同度有待提高，企业等社会力量参与数字资源开发、技术研发与应用的体制机制有待完善，学校在数字治理方面跨部门、跨领域、跨层级的联动有待优化；二是科学决策和精准服务能力还需提升，依托大数据等技术构建评估决策体系的探索和实践不多，一站式校务管理服务及公共平台就业服务的覆盖面还需扩大。

第四，对师生数字素养的培养重视程度还不够。新冠肺炎疫情防控期间大规模的线上教学表明高校师生已经基本具备运用信息技术开展教与学的能力，但随着信息技术的更新和数字社会的快速发展，全民数字素养都还需要不断提高和更新。高等教育应该为提高全民数字素养发挥更大作用。目前这方面的不足主要体现在两方面：一是缺乏面向全国高校师生乃至全民的数字素养标准化测评工具；二是提高数字素养的相关培训还较为欠缺，现有培训存在基础性较强但系统性和针对性不足的问题。

四、发展方向

（一）优化智慧教育平台建设，促进优质资源有效应用

加强国家、区域和高校等各级资源平台建设，提高基础设施的使用效率，降低基础设施的闲置率。优化平台交互功能，实现优质资源个性化推送。调动多方力量合作共建优质数字化教育资源。创新体制机制，推动平台贯通，实现资源融通，提升数字化教育资源的共享程度和应用效果。引导学校从强调"为我所有"到强调"为我所用"，从广泛应用到深度应用。以需求为导向，为高校师生和社会学习者提供更便捷、更多样、更有效的公共教育资源。

（二）推动数字技术全面应用，实现教育教学融合创新

创新数字教育理念，充分利用人工智能等技术手段，构建多空间一体化新型教学环境。深入开展智能时代的教与学研究，提升运用新技术开展教学的能力，促进数字技术与教育教学的全面深度融合。变革与创新教师教育教学模式，探索技术赋能的智慧教学法，实现教学方法创新，积极应用线上翻转课堂、混合式教学、情景式教学等教学形式，推动教与学的个性化与智慧化，支持以学生为中心的教育，全面提高教育教学质量。

（三）形成协同联动治理格局，加速智慧教育治理升级

打破数据壁垒，消除信息孤岛，推进跨部门、跨领域、跨层级联动，

实现协同治理。完善数字认证体系，建立数据共享审核制度，明确数据共享属性和范围，规范共享流程，保障技术善治善用，发挥数据在治理中的最大效能。创新"数据赋能、多元共治、技术善治"治理路径，打造多元主体共同参与、权责分明、团结合作、协同治理新局面。依托教育大数据，构建数据支撑的评估决策分析体系，满足个性化服务需求，实现更加精准、科学的治理。

（四）加强培育全民数字素养，提高数字人才培养质量

根据数字化社会发展需求，建立数字技能框架，开发数字素养测评工具，优化人才培养方案，全面提升师生乃至全民数字素养。优化高校学科布局，动态调整专业设置，推动数字化相关技术更加深入融入更多学科专业人才培养过程。依托国家高等教育智慧教育平台等优质平台，创新高等教育改革，精心打造一批数字化核心课程、核心教材、核心实习实践资源，全方位提升数字人才自主培养质量，为发展数字经济、建设数字中国提供人才保障。

（五）增强智慧教育的话语权，实现高等教育国际领航

做大做强在线教学国际平台，持续提高在线课程质量，推广在线课程学分认证，打造国家品牌，形成国家品质。推动更多中国名师"金课"走出国门，走向世界。积极参与全球教育治理，探索制定数字教育国际标准，依托世界慕课与在线教育大会等国际论坛，增强智慧教育国际话语权。积极创新国际交流合作方式，为世界高等教育领域的智慧教育发展贡献中国智慧、提供中国方案，进一步扩大中国高等教育的国际影

响力。

　　总体来看，中国高等教育领域的智慧教育已取得令世界瞩目的成绩。发展智慧教育是加速实现教育现代化、建设高等教育强国的重要途径，对于促进教育公平、推动学习型社会形成、支撑数字中国建设以及提升中国高等教育世界话语权意义重大，未来仍需不断加强与推进。

结　语

面向第二个百年奋斗目标，中国迈上全面建设社会主义现代化国家新征程。中国共产党第二十次全国代表大会把握世界之变、时代之变、历史之变，洞察社会发展规律，对数字中国、智慧社会、推进教育数字化做出擘画。以中国式现代化建设教育强国，智慧教育在中国将得到更快发展，推动中国教育加速变革；与此同时，智慧教育也必然成为亟待深入研究的时代课题。

共同关注智慧教育与数字社会的协同。充分利用各种力量，实现校内外数字教育资源的广泛共享，提升全民数字素养，培养更多数字化创新人才。重视教育链、科技链与产业链的跨界融合，建设开放、优质、有韧性的智慧教育体系，让智慧教育与数字社会携手并进。

共同关注智慧教育与数字技术的融合。尽快建立与数字化环境相适应的教育新规范、新标准和监管框架，确保合伦理、无歧视、有秩序地运用教育资源、算法与数据。建设安全、包容、可持续健康发展的智慧教育新形态。

共同关注智慧教育发展的新特征、新趋势。加强对智慧教育改变传统教育理念、教学方式、组织模式的探讨，促进教育范式变革，引领新一轮学习革命。用数字技术驱动智慧教育发展，探索破解教育质量、公平、效率的三角难题。

"经天纬地曰文，照临四方曰明。"数字文明，带给人类对美好未来的无尽想象。人类是命运共同体。迎接数字时代，服务数字社会，培养数字公民，需要全世界共同努力，以教育智慧开创智慧教育新未来。在此提出三点倡议。

一是增进理念共识。智慧教育是新生事物，当前人们对其内在规律把握不足、对其外在影响认识不够。倡议共同开展智慧教育研究，增进对智慧教育规律与作用的认识。建议通过设立常规性国际会议、成立专门国际学术组织、创办专业国际学术期刊等方式，持续深入探索智慧教育的根本特性与多元价值，形成对智慧教育的广泛共识，共同推进教育范式变革。

二是优化发展生态。建设高质量智慧教育体系，既需要快速发展智慧教育，也需要构建良好的全球教育生态。倡议共同创建国际智慧教育联盟，推动智慧教育设施设备、标准规范、伦理建设等生态的不断优化。协助欠发达国家和地区提升教育数字化基础设施水平，共建智慧教育相关通用标准，协调数字教育相关法规制定，完善智慧教育治理机制，推动实现国际智慧教育的互联互通。

三是扩大国际合作。数字化是智慧教育的技术基础，数据的多元化应用与分享是其基础与价值所在。倡议促进数字教育资源的共建共享，推动构建全球智慧教育共同体。通过数字技术在教育领域的融合应用，加强国际智慧教育的优势互补，让智慧教育造福全人类。

　　中国教育信息化建设已取得很大成就，教育数字化正在以前所未有的广度和力度加速推进，为中国迈向智慧教育奠定了坚实基础。在以中国式现代化建设教育强国的新发展阶段，中国智慧教育必然得到更大发展，也必将得到更大发展；中国智慧教育必然要学习国际经验，也必将为世界做出更大贡献。

附录一
中国智慧教育
发展指数指标说明

1. 接入互联网的学校比例（%）

定义：接入互联网的学校比例，是指接入互联网的学校数占学校总数的百分比。

公式：接入互联网的学校比例 = 接入互联网的学校数 / 学校总数 ×100%

数据来源：教育部发展规划司教育事业统计数据

2. 无线网络全覆盖的学校比例（%）

定义：无线网络全覆盖的学校比例，是指已建立校园无线网络并实现无线网络全覆盖的学校数占学校总数的百分比。

公式：无线网络全覆盖的学校比例 = 实现无线网络全覆盖的学校数 / 学校总数 ×100%

数据来源：教育部发展规划司教育事业统计数据

3. 网络多媒体教室占教室总数的比例（%）

定义：网络多媒体教室占教室总数的比例，是指网络多媒体教室数占教室总数的百分比。

公式：网络多媒体教室占教室总数的比例 = 网络多媒体教室数 / 教室总数 ×100%

数据来源：教育部发展规划司教育事业统计数据

4. 师均教学用数字终端数（台 / 人）

定义：师均教学用数字终端数，是指基础教育、职业教育、高等教育专任教师教学用数字终端配备情况的综合评定。教学用数字终端是指纳入学校固定资产和独立使用的教学用数字终端。

公式：师均教学用数字终端数＝基础教育师均教学用数字终端数指标值 × 权重＋职业教育师均教学用数字终端数指标值 × 权重＋高等教育师均教学用数字终端数指标值 × 权重

数据来源：教育部发展规划司教育事业统计数据

5. 人均公共数字教育资源量（条 / 人）

定义：人均公共数字教育资源量，是指纳入国家公共数字教育平台的数字教育资源总量与国家总人口数之比。

公式：人均公共数字教育资源量＝国家智慧教育公共服务平台数字教育资源总量 / 国家总人口数 ×100%

数据来源：国家智慧教育公共服务平台数据、国家人口普查数据

6. 每百名学生数字化课程资源量（课时 / 百人）

定义：每百名学生数字化课程资源量，是指每百名学生占有国家公共数字教育平台提供的数字化课程资源总量。

公式：每百名学生数字化课程资源量＝国家智慧教育公共服务平台数字化课程资源的总课时数量 / 在校生总数 ×100

数据来源：国家智慧教育公共服务平台数据、教育部发展规划司教育事业统计数据

7. 公共数字教育资源覆盖率（%）

定义：公共数字教育资源覆盖率，是指国家公共数字教育平台注册

用户数占全国 6 岁以上人口的比例。

公式：公共数字教育资源覆盖率＝国家智慧教育公共服务平台注册用户数／国家 6 岁以上人口总数 ×100%

数据来源：暂无

8. 开通网络学习空间的教师比例 (%)

定义：开通网络学习空间的教师比例，是指开通网络学习空间的专任教师数占专任教师总数的百分比。网络学习空间是指由教育主管部门或学校认定的，在公共服务平台上开通的，供教师使用的网络学习空间。

公式：开通网络学习空间的教师比例＝开通网络学习空间的专任教师数／专任教师总数 ×100%

数据来源：教育部科学技术与信息化司业务统计数据

9. 开通网络学习空间的学生比例（%）

定义：开通网络学习空间的学生比例，是指开通网络学习空间的学生数占学生总数的百分比。网络学习空间是指由教育主管部门或学校认定的，在公共服务平台上开通的，供学生使用的网络学习空间。

公式：开通网络学习空间的学生比例＝开通网络学习空间的学生数／学生总数 ×100%

数据来源：教育部科学技术与信息化司业务统计数据

10. 教师数字素养合格率（%）

定义：教师数字素养合格率，是指数字素养测评达标的教师人数占参加教师数字素养测评的教师总数的百分比。

公式：教师数字素养合格率＝数字素养测评达标的教师人数／参加教师数字素养测评的教师总数 ×100%

数据来源：教育部教育信息化战略研究基地（华中）2021 年全国智慧教育示范区教师信息素养测评与提升项目数据

11. 公共数字教育资源有效使用率（%）

定义：公共数字教育资源有效使用率，是指对国家中小学智慧教育平台、国家职业教育智慧教育平台、国家高等教育智慧教育平台三个平台的公共数字教育资源有效使用率进行综合评定的结果。

公式：公共数字教育资源有效使用率＝国家中小学智慧教育平台公共数字教育资源有效使用率 × 权重＋国家职业教育智慧教育平台公共数字教育资源有效使用率 × 权重＋国家高等教育智慧教育平台公共数字教育资源有效使用率 × 权重

数据来源：暂无

12. 数字化课程资源有效使用率（%）

定义：数字化课程资源有效使用率，是指国家中小学智慧教育平台、国家职业教育智慧教育平台、国家高等教育智慧教育平台数字化课程资源有效使用情况的综合评定。

公式：数字化课程资源有效使用率＝国家中小学智慧教育平台数字化课程资源有效使用率 × 权重＋国家职业教育智慧教育平台数字化课程资源有效使用率 × 权重＋国家高等教育智慧教育平台数字化课程资源有效使用率 × 权重

数据来源：国家智慧教育公共服务平台数据

13. 公共数字教育平台用户活跃度（次 / 人）

定义：公共数字教育平台用户活跃度，是指国家中小学智慧教育平台、国家职业教育智慧教育平台、国家高等教育智慧教育平台用户活跃度的综合评定。

公式：公共数字教育平台用户活跃度＝国家中小学智慧教育平台用户活跃度×权重＋国家职业教育智慧教育平台用户活跃度×权重＋国家高等教育智慧教育平台用户活跃度×权重

数据来源：国家智慧教育公共服务平台数据

14. 公共数字教育资源推送触达率（％）

定义：公共数字教育资源推送触达率，是指国家中小学智慧教育平台、国家职业教育智慧教育平台、国家高等教育智慧教育平台向用户主动推送公共数字教育资源并发生有效用户点击情况的综合评定。

公式：公共数字教育资源推送触达率＝国家中小学智慧教育平台公共数字教育资源推送触达率×权重＋国家职业教育智慧教育平台公共数字教育资源推送触达率×权重＋国家高等教育智慧教育平台公共数字教育资源推送触达率×权重

数据来源：暂无

15. 混合式教学普及率（％）

定义：混合式教学普及率，是指利用国家中小学智慧教育平台、国家职业教育智慧教育平台、国家高等教育智慧教育平台的数字教育资源开展教学活动情况的综合评定。

公式：混合式教学普及率＝基础教育领域混合式教学普及率×权重＋职业教育领域混合式教学普及率×权重＋高等教育领域混合式教学普及率×权重

数据来源：国家智慧教育公共服务平台数据、教育部发展规划司教育事业统计数据、教育部高等学校科学研究发展中心高校信息化大数据

及监测系统数据、教育部教育信息化战略研究基地（华中）2021年全国教育信息化发展状况调研数据

16. 网络研修普及率（％）

定义： 网络研修普及率，是指利用网络学习空间开展网络研修的中小学和中职专任教师数占中小学和中职专任教师总数的百分比。

公式： 网络研修普及率＝利用网络学习空间开展网络研修的中小学和中职专任教师数／中小学和中职专任教师总数 ×100%

数据来源： 教育部科学技术与信息化司业务统计数据

17. 在线个性化学习普及率（％）

定义： 在线个性化学习普及率，是指利用网络学习空间开展个性化学习的学生数占学生总数的百分比。

公式. 在线个性化学习普及率－利用网络学习空间开展个性化学习的学生数／学生总数 ×100%

数据来源： 暂无

18. 利用在线视频学习的网络用户比例（％）

定义： 利用在线视频学习的网络用户比例，是指在16—64岁的互联网用户中，每周观看教育类视频的用户比例。

公式： 利用在线视频学习的网络用户比例＝每周观看教育类视频的互联网用户数／参与调查的互联网用户总数 ×100%

数据来源： 维奥思社（We Are Social）联合互随社交（Hootsuite）发布的《2022年全球数字概览报告》

19. 数字化过程评价普及率（％）

定义： 数字化过程评价普及率，是指开展数字化过程评价的学校数

占学校总数的百分比。

公式：数字化过程评价普及率 = 开展数字化过程评价的学校数量 / 学校总数 ×100%

数据来源：暂无

20. 智能化评价普及率（%）

定义：智能化评价普及率，是指开展智能化评价的学校数占学校总数的百分比。智能化评价是指借助信息技术手段和多种评价方式开展学生个性化评价的方法，包括学生电子档案袋、在线考试、自适应测试等多种数字化学生评价方式。

公式：智能化评价普及率 = 开展智能化评价的学校数量 / 学校总数 ×100%

数据来源：暂无

21. 教育基础数据的覆盖率（%）

定义：教育基础数据的覆盖率，是指基础数据已完成采集入库的学生、教师、学校数占全体在校学生、在职教师及学校的数量比例。

公式：教育基础数据的覆盖率 = 学校基础数据的覆盖率 × 权重 + 教师基础数据的覆盖率 × 权重 + 学生基础数据的覆盖率 × 权重

数据来源：教育部基础教育司、职业教育与成人教育司、高等教育司、教师工作司业务统计数据

22. 教育基础数据的共享率（%）

定义：教育基础数据的共享率，是指全国各级各类教育的教育基础数据接入国家教育管理信息系统数据交换体系的比例。

公式：教育基础数据的共享率 = 已接入国家教育管理信息系统数据

交换体系的地市、区县和学校基础数据库数 / 地市、区县和学校基础数据库总数 ×100%

数据来源：暂无

23. 教育一体化在线管理服务的普及率（%）

定义：教育一体化在线管理服务的普及率，是指各级教育行政部门中开通具有线上线下标准统一、全面融合、全时在线、渠道多元、全国通办功能的教育政务在线服务"一网通办"的部门比例。（2022 年由一卡通功能已实现常态化应用的学校比例来替代。）

公式：教育一体化在线管理服务的普及率 = 已提供"一网通办"服务的省、地市、区县教育行政部门数 / 省、地市、区县教育行政部门总数 ×100%（2022 年替代公式为：教育一体化在线管理服务的普及率 = 基础教育样本学校中一卡通功能已实现常态化应用的学校比例 × 权重 + 职业教育样本学校中一卡通功能已实现常态化应用的学校比例 × 权重 + 高等教育样本学校中一卡通功能已实现常态化应用的学校比例 × 权重）

数据来源：教育部教育信息化战略研究基地（华中）2021 年全国教育信息化发展状况调研数据

24. 数字化教育督导普及率（%）

定义：数字化教育督导普及率，是指已建设教育督导信息化管理平台的各级教育行政部门的比例。

公式：数字化教育督导普及率 = 已建有教育督导信息化管理平台的省、地市、区县教育行政部门数量 / 省、地市、区县教育行政部门数 ×100%

数据来源：暂无

25. 建立信息化工作和管理制度的学校比例（％）

定义：建立信息化工作和管理制度的学校比例，是指已经建立专门的信息化工作和管理制度的学校占比。

公式：建立信息化工作和管理制度的学校比例＝基础教育领域建立专门的信息化工作和管理制度的学校比例 × 权重＋职业教育领域建立专门的信息化工作和管理制度的学校比例 × 权重＋高等教育领域建立专门的信息化工作和管理制度的学校比例 × 权重

数据来源：教育部科学技术与信息化司业务统计数据

26. 开展管理信息基础数据应用的学校比例（％）

定义：开展管理信息基础数据应用的学校比例，是指将已建成的各类教育管理信息系统（包括教务管理、行政管理、财务管理、人事管理、学生管理与设备资产管理等在内的各项学校管理业务）的数据应用到日常决策与管理服务活动中的学校占比。

公式：开展管理信息基础数据应用的学校比例＝开展管理信息基础数据常态化应用的基础教育学校比例 × 权重＋开展管理信息基础数据常态化应用的职业教育学校比例 × 权重＋开展管理信息基础数据常态化应用的高等教育学校比例 × 权重

数据来源：教育部教育信息化战略研究基地（华中）2021 年全国教育信息化发展状况调研数据

27. 具备网络安全管理制度的学校比例（％）

定义：具备网络安全管理制度的学校比例，是指已经按照《中华人民共和国网络安全法》的要求建立了健全的网络安全责任体系及专门的网络安全管理制度的学校比例。

公式：具备网络安全管理制度的学校比例 ＝ 建立了健全的网络安全责任体系及专门的网络安全管理制度的学校数 / 学校总数 ×100%

数据来源：教育部科学技术与信息化司业务统计数据

28. 学生数字素养合格率（%）

定义：学生数字素养合格率，是指学生数字素养测评达到合格水平的学生人数占该级教育参加国家认定学生数字素养测评总人数的百分比。

公式：学生数字素养合格率 ＝ 小学生数字素养合格率 × 权重 ＋ 中学生数字素养合格率 × 权重

数据来源：教育部教育信息化战略研究基地（华中）2022 年全国师生信息素养跟踪测评数据

29. 数字化相关学科毕业生比例（%）

定义：数字化相关学科毕业生比例，是指高等教育毕业生中科学（S）、技术（T）、工程（E）与数学（M）等数字化相关学科毕业生比例。

公式：数字化相关学科毕业生比例 ＝ 高等教育 STEM 学科毕业生数 / 高等教育毕业生总数 ×100%

数据来源：教育部发展规划司教育事业统计数据

30. 学生终身学习能力水平

定义：学生终身学习能力水平，是指学生在智慧教育环境下形成的终身学习态度意识、自我管理、思维品质、适变能力等方面的发展水平。

公式：学生终身学习能力水平 ＝ 基础教育学生终身学习能力水平 × 权重 ＋ 职业教育学生终身学习能力水平 × 权重 ＋ 高等教育学生终身学习能力水平 × 权重

数据来源：暂无

31. 数字化人力资本水平

定义：数字化人力资本水平，是指 16—74 岁人口的数字技能水平，由互联网用户技能、高级技能发展两个维度的五个指标计算得出。

公式：采用欧盟委员会《数字经济与社会指数》系列报告中的测算结果

数据来源：欧盟委员会《数字经济与社会指数》系列报告

32. 经济活动人口的数字技能水平

定义：经济活动人口的数字技能水平，是指经济活动人口在多大程度上拥有数字技能（如计算机技能、基本编码、数字阅读等），由世界经济论坛"管理者意见调研"（Executive Opinion Survey）中面向企业高级管理人员的问卷调查得出。

公式：采用世界经济论坛《2019 年全球竞争力报告》中的测算结果

数据来源：世界经济论坛《2019 年全球竞争力报告》

附录二

中国智慧教育发展指数（基础教育）指标说明

1. 接入互联网的学校比例（%）

定义：接入互联网的学校比例，是指接入互联网的基础教育学校数占基础教育学校总数的百分比。

公式：接入互联网的学校比例＝接入互联网的基础教育学校数／基础教育学校总数 ×100%

数据来源：教育部发展规划司教育事业统计数据

2. 无线网络全覆盖的学校比例（%）

定义：无线网络全覆盖的学校比例，是指已建立校园无线网络并实现无线网络全覆盖的基础教育学校数占基础教育学校总数的百分比。

公式：无线网络全覆盖的学校比例＝实现无线网络全覆盖的基础教育学校数／基础教育学校总数 ×100%

数据来源：教育部发展规划司教育事业统计数据

3. 网络多媒体教室占教室总数的比例（%）

定义：网络多媒体教室占教室总数的比例，是指基础教育建有的网络多媒体教室数占基础教育教室总数的百分比。

公式：网络多媒体教室占教室总数的比例＝基础教育建有的网络多媒体教室数／基础教育教室总数 ×100%

数据来源：教育部发展规划司教育事业统计数据

4. 每百名学生可用教学用终端数（台/百人）

定义： 每百名学生可用教学用终端数，是指基础教育每百名学生平均拥有的纳入学校固定资产的可用教学用终端数。

公式： 每百名学生可用教学用终端数＝基础教育教学用终端总数/基础教育在校生总数×100

数据来源：教育部发展规划司教育事业统计数据

5. 中小学公共数字教育资源课程量（课时）

定义： 中小学公共数字教育资源课程量，是指国家中小学智慧教育平台提供的数字化课程资源课时总量。

公式： 中小学公共数字教育资源课程量＝国家中小学智慧教育平台提供的数字化课程资源课时总量

数据来源：国家中小学智慧教育平台数据

6. 中小学公共教科研数字教育资源量（条）

定义： 中小学公共教科研数字教育资源量，是指国家中小学智慧教育平台教科研频道提供的数字化教科研资源总量。

公式： 中小学公共教科研数字教育资源量＝国家中小学智慧教育平台教科研频道提供的数字化教科研资源总条数

数据来源：国家中小学智慧教育平台数据

7. 开通网络学习空间的教师比例（%）

定义： 开通网络学习空间的教师比例，是指开通网络学习空间的基础教育专任教师数占基础教育专任教师总数的百分比。网络学习空间是指由教育主管部门或学校认定的，在公共服务平台上开通的，供教师使用的网络学习空间。

公式：开通网络学习空间的教师比例 = 开通网络学习空间的基础教育专任教师数 / 基础教育专任教师总数 ×100%

数据来源：教育部科学技术与信息化司业务统计数据

8. 开通网络学习空间的学生比例（％）

定义：开通网络学习空间的学生比例，是指开通网络学习空间的基础教育学生数占基础教育在校生总数的百分比。网络学习空间是指由教育主管部门或学校认定的，在公共服务平台上开通的，供学生使用的网络学习空间。

公式：开通网络学习空间的学生比例 = 开通网络学习空间的基础教育学生数 / 基础教育在校生总数 ×100%

数据来源：教育部科学技术与信息化司业务统计数据

9. 每百名学生拥有的专职信息化工作人员数（人 / 百人）

定义：每百名学生拥有的专职信息化工作人员数，指基础教育平均每百名学生拥有的信息化专业工作人员数量。信息化专业工作人员包括基础教育学校网络中心、信息中心或电教中心专职管理、运维人员等。

公式：每百名学生拥有的专职信息化工作人员数 = 基础教育信息化专业工作人员总数 / 基础教育学生总数 ×100

数据来源：教育部科学技术与信息化司业务统计数据

10. 每百名专任教师接受信息技术相关培训数（人次 / 百人）

定义：每百名专任教师接受信息技术相关培训数，是指上一学年基础教育阶段每百名专任教师平均接受信息技术相关培训的次数。

公式：每百名专任教师接受信息技术相关培训数 = 上一学年基础教

育专任教师接受信息技术相关培训的总人次 / 上一学年基础教育专任教师总数 ×100

数据来源：暂无

11. 教师数字素养合格率（%）

定义：教师数字素养合格率，是指数字素养测评合格的基础教育教师人数占参与数字素养测评的基础教育教师总数的百分比。

公式：教师数字素养合格率 = 数字素养测评合格的基础教育教师人数 / 参与数字素养测评的基础教育教师总数 ×100%

数据来源：教育部教育信息化战略研究基地（华中）智慧教育示范区教师信息素养测评与提升项目数据

12. 中小学公共数字教育平台用户活跃度（次 / 人）

定义：中小学公共数字教育平台用户活跃度，是指年度国家中小学智慧教育平台页面浏览量（PV）与独立用户数量 (UV) 的比例。

公式：中小学公共数字教育平台用户活跃度 = 年度国家中小学智慧教育平台页面浏览量（PV）/ 年度国家中小学智慧教育平台独立用户数量 (UV)

数据来源：国家中小学智慧教育平台数据

13. 中小学公共数字教育资源有效使用率（%）

定义：中小学公共数字教育资源有效使用率，是指年度国家中小学智慧教育平台中有效使用的资源占总资源的百分比。其中，"有效使用"指网页链接超过万次观看的资源。

公式：中小学公共数字教育资源有效使用率 = 国家中小学智慧教育平台年度有效使用的资源数量 / 国家中小学智慧教育平台资源总

量 ×100%

数据来源：国家中小学智慧教育平台数据

14. 中小学公共数字教育资源推送触达率（%）

定义：中小学公共数字教育资源推送触达率，是指年度国家中小学智慧教育平台向教师、学生用户进行主动推送并获得用户点击的资源数量占资源总量的百分比。

公式：中小学公共数字教育资源推送触达率 = 年度国家中小学智慧教育平台获得用户点击的推送资源数量 / 国家中小学智慧教育平台资源总量 ×100%

数据来源：暂无

15. 中小学"德体美劳"公共数字教育资源有效使用率（%）

定义：中小学"德体美劳"公共数字教育资源有效使用率，是指国家中小学智慧教育平台中"德体美劳"四育相关课程及活动资源中，有效使用的资源数量占资源总量的百分比。其中，"有效使用"的定义与第13个指标相同。

公式：中小学"德体美劳"公共数字教育资源有效使用率 = 国家中小学智慧教育平台中有效使用的"德体美劳"相关课程及活动数字资源数量 / 国家中小学智慧教育平台中"德体美劳"相关课程及活动数字资源总量 ×100%

数据来源：暂无

16. 混合式教学普及率（%）

定义：混合式教学普及率，是指主动应用国家中小学智慧教育平台开展日常教学的学校占基础教育学校的百分比。

公式：混合式教学普及率＝线上线下混合式教学覆盖基础教育学校数／基础教育学校总数 ×100%

数据来源：国家中小学智慧教育平台数据

17. 在线个性化教学普及率（%）

定义：在线个性化教学普及率，是指以自然年为单位，基础教育阶段利用网络学习空间开展个性化教学的教师数占基础教育教师总数的百分比。

公式：在线个性化教学普及率＝利用网络学习空间开展教学的基础教育教师数／基础教育教师总数 ×100%

数据来源：教育部教育信息化战略研究基地（华中）2021 年全国教育信息化发展状况调研数据

18. 信息化手段支持的线下课时覆盖率（%）

定义：信息化手段支持的线下课时覆盖率，是指基础教育阶段具有信息化手段支持的线下课时数占基础教育课时总数的百分比。

公式：信息化手段支持的线下课时覆盖率＝基础教育阶段具有信息化手段支持的线下课时数／基础教育课时总数 ×100%

数据来源：教育部教育信息化战略研究基地（华中）2021 年全国教育信息化发展状况调研数据

19. 信息技术支持的作业覆盖率（%）

定义：信息技术支持的作业覆盖率，是指具有信息技术支持的作业的基础教育学校数占基础教育学校总数的百分比。

公式：信息技术支持的作业覆盖率＝具有信息技术支持的作业的基础教育学校数／基础教育学校总数 ×100%

数据来源：暂无

20. 信息技术支持的评价手段的多样化程度（类）

定义：信息技术支持的评价手段的多样化程度，是指基础教育阶段由信息技术支持的评价手段种类。

数据来源：暂无

21. 信息技术支持的评价普及率（%）

定义：信息技术支持的评价普及率，是指开展信息技术支持的评价的基础教育学校数占基础教育学校总数的百分比。信息技术支持的评价是指借助信息技术手段和多种评价方式开展学生个性化评价的方法，包括但不限于在线考试、线上阅卷、信息化音体美劳技能评价、学生电子档案袋、自适应测试等多种信息化学生评价方式。

公式：信息技术支持的评价普及率 = 开展信息技术支持的评价的基础教育学校数 / 基础教育学校总数 ×100%

数据来源：暂无

22. 年度专任教师参加远程研训平均学时（小时）

定义：年度专任教师参加远程研训平均学时，是指上一学年平均每名基础教育专任教师参加远程研训的课时数量。

公式：年度专任教师参加远程研训平均学时 = 上一学年基础教育专任教师参加远程研训课时总数 / 基础教育专任教师总数

数据来源：教育部发展规划司教育事业统计数据

23. 网络研修普及率（%）

定义：网络研修普及率，是指以自然年为单位，利用网络学习空间开展网络研修的基础教育教师数占基础教育教师总数的百分比。

公式：网络研修普及率＝应用网络学习空间开展网络研修的基础教育教师数／基础教育教师总数 ×100%

数据来源：教育部科学技术与信息化司业务统计数据

24. 教育基础数据的覆盖率（%）

定义：教育基础数据的覆盖率，是指学生基础数据（包括学生基本信息、学籍信息、学习经历信息和毕业就业信息等）、教师基础数据（包括教师和职工的基本信息、工作信息、学习经历信息等）、学校资产及办学条件基础数据（包括学校基本信息、校舍信息、经费信息、条件装备信息、教学科研信息等）已采集入库的学生数、教师数和学校数分别占基础教育全体在校学生、在职教师及学校数比例。

公式：教育基础数据的覆盖率＝基础教育学生基础数据的覆盖率 ×权重＋基础教育教师基础数据的覆盖率 × 权重＋基础教育学校资产及办学条件基础数据的覆盖率 × 权重（基础教育学生基础数据的覆盖率＝基础教育学生学籍数据库注册学生数／基础教育学生总数 ×100%；基础教育教师基础数据的覆盖率＝基础教育教师信息管理数据库注册教师数／基础教育教师总数 ×100%；基础教育学校资产及办学条件基础数据的覆盖率＝基础教育学校办学条件数据库注册学校数／基础教育学校总数 ×100%）

数据来源：教育部基础教育司业务统计数据

25. 教育基础数据的共享率（%）

定义：教育基础数据的共享率，是指已接入国家教育管理信息系统数据交换体系的基础教育阶段教育基础数据库占基础教育阶段教育基础数据库总数的百分比。

公式：教育基础数据的共享率＝已接入国家教育管理信息系统数据

交换体系的地市、区县和基础教育阶段学校基础数据库数/地市、区县和基础教育阶段学校基础数据库总数 ×100%

数据来源：教育部基础教育司业务统计数据

26. 教育一体化在线管理服务的普及率（%）

定义：教育一体化在线管理服务的普及率，是指应用全国中小学管理服务平台进行学校或学生管理、获得相关政务服务的基础教育学校数占基础教育学校总数的百分比。

公式：教育一体化在线管理服务的普及率 = 应用全国中小学管理服务平台的基础教育学校数/基础教育学校总数 ×100%

数据来源：教育部基础教育司业务统计数据

27. 数字化教育督导普及率（%）

定义：数字化教育督导普及率，是指已建有基础教育督导信息化管理平台的各级基础教育行政部门数占基础教育行政部门总数的比例。

公式：数字化教育督导普及率 = 已建有基础教育督导信息化管理平台的基础教育行政部门数/基础教育行政部门总数 ×100%

数据来源：暂无

28. 课后服务的数字化管理普及率（%）

定义：课后服务的数字化管理普及率，是指已接入国家中小学课后服务管理系统的基础教育学校数占基础教育学校总数的百分比。

公式：课后服务的数字化管理普及率 = 已接入国家中小学课后服务管理系统的基础教育学校数/基础教育学校总数 ×100%

数据来源：教育部基础教育司业务统计数据

29. 建立信息化工作和管理制度的学校比例（%）

定义：建立信息化工作和管理制度的学校比例，是指已建立专门的信息化工作与管理制度的基础教育学校占基础教育学校总数的比例。

公式：建立信息化工作和管理制度的学校比例 = 已建立专门的信息化工作和管理制度的基础教育学校数／基础教育学校总数 ×100%

数据来源：教育部科学技术与信息化司业务统计数据

30. 开展管理信息基础数据应用的学校比例（%）

定义：开展管理信息基础数据应用的学校比例，是指将已建成的各类教育管理信息系统（包括教务管理、行政管理、财务管理、人事管理、学生管理与设备资产管理等各项学校管理业务）的数据应用到日常决策与管理服务活动中的基础教育学校数占参与抽样调查的基础教育学校总数的百分比。

公式：开展管理信息基础数据应用的学校比例 = 已开展管理信息基础数据应用的基础教育学校数／参与抽样调查的基础教育学校总数 ×100%

数据来源：教育部教育信息化战略研究基地（华中）2021 年全国教育信息化发展状况调研数据

31. 信息化财政投入占教育投入的比例（%）

定义：信息化财政投入占教育投入的比例，是指当年公共教育经费中基础教育信息化财政投入占基础教育教育总投入的百分比。

公式：信息化财政投入占教育投入的比例 = 当年基础教育信息化财政投入经费／基础教育总投入 ×100%

数据来源：暂无

32. 具备网络安全管理制度的学校比例（%）

定义：具备网络安全管理制度的学校比例，是指已经按照《中华人民共和国网络安全法》的要求建立了网络安全责任体系及专门的网络安全管理制度的基础教育学校数占基础教育学校总数的百分比。

公式：具备网络安全管理制度的学校比例 = 已建立网络安全责任体系及专门的网络安全管理制度的基础教育学校数 / 基础教育学校总数 × 100%

数据来源：教育部科学技术与信息化司业务统计数据

33. 中小学生数字素养合格率（%）

定义：中小学生数字素养合格率，是指中小学生数字素养测评达到合格水平的学生人数占该级教育参加国家认定学生数字素养测评总人数的百分比。

公式：中小学生数字素养合格率 = 小学生数字素养合格率 × 权重 + 中学生数字素养合格率 × 权重

数据来源：教育部教育信息化战略研究基地（华中）2022 年全国师生信息素养跟踪测评数据

34. 中小学生终身学习能力水平

定义：中小学生终身学习能力水平，是指中小学生在智慧教育环境下形成的终身学习态度意识、自我管理、思维品质、适变能力等方面的特征表现和发展水平。

公式：暂无

数据来源：暂无

35. 中小学公共数字教育资源平均评分（标准分数）

定义：中小学公共数字教育资源平均评分，是用户对国家中小学智慧教育平台资源质量的综合评定。

公式：中小学公共数字教育资源平均评分 = 国家中小学智慧教育平台资源评分合计数 / 国家中小学智慧教育平台资源总数

数据来源：国家中小学智慧教育平台数据

附录三

中国智慧教育发展指数（职业教育）指标说明

1. 接入互联网的学校比例（%）

定义：接入互联网的学校比例，是指接入互联网的职业学校数占职业学校总数的百分比。

公式：接入互联网的学校比例 ＝ 接入互联网的职业学校数 / 职业学校总数 ×100%

数据来源：教育部发展规划司教育事业统计数据

2. 无线网络全覆盖的学校比例（%）

定义：无线网络全覆盖的学校比例，是指实现无线网络全覆盖的职业学校数占职业学校总数的百分比。

公式：无线网络全覆盖的学校比例 ＝ 实现无线网络全覆盖的职业学校数 / 职业学校总数 ×100%

数据来源：教育部发展规划司教育事业统计数据

3. 师生教学用数字终端拥有率（%）

定义：师生教学用数字终端拥有率，是指职业学校专任教师和在校学生拥有的教学用数字终端数与职业学校专任教师及在校学生总人数的比例。

公式：师生教学用数字终端拥有率 ＝ 职业学校师生教学用数字终端

总数 / 职业学校师生总人数 ×100%

数据来源：教育部发展规划司教育事业统计数据

4. 教学用网络多媒体教室占比（%）

定义：教学用网络多媒体教室占比，是指职业学校建有的网络多媒体教室数占职业学校教室总数的百分比。

公式：教学用网络多媒体教室占比 = 职业学校建有的网络多媒体教室数 / 职业学校教室总数 ×100%

数据来源：教育部发展规划司教育事业统计数据

5. 智慧教育平台资源对职业教育专业的覆盖率（%）

定义：智慧教育平台资源对职业教育专业的覆盖率，是指国家职业教育智慧教育平台资源覆盖的专业数占职业教育专业目录专业总数的比例。

公式：智慧教育平台资源对职业教育专业的覆盖率 = 国家职业教育智慧教育平台资源覆盖的专业数 / 职业教育专业目录专业总数 ×100%

数据来源：国家职业教育智慧教育平台数据、《职业教育专业目录（2021 年）》

6. 开通网络学习空间的学校比例（%）

定义：开通网络学习空间的学校比例，是指开通网络学习空间的职业学校数占职业学校总数的百分比。其中，网络学习空间是指由教育主管部门或学校认定的、在公共服务平台上开通的、供教师使用的网络学习空间。

公式：开通网络学习空间的学校比例 = 开通网络学习空间的职业学校数 / 职业学校总数 ×100%

数据来源：教育部教育信息化战略研究基地（华中）2021 年全国教育信息化发展状况调研数据

7. 教师数字素养合格率（%）

定义：教师数字素养合格率，是指数字化应用能力测评达标的职业学校教师人数占参加国家认定教师数字化应用能力测评的职业学校教师总数的百分比。

公式：教师数字素养合格率 = 数字化应用能力测评达标的职业学校教师人数 / 参加国家认定教师数字化应用能力测评的职业学校教师总数 ×100%

数据来源：暂无

8. 智慧教育平台的师生活跃用户比例（%）

定义：智慧教育平台的师生活跃用户比例，是指以自然年为单位，国家职业教育智慧教育平台每周至少登录一次的师生数占近三年职业学校师生注册总数的比例。

公式：智慧教育平台的师生活跃用户比例 = 国家职业教育智慧教育平台每周至少登录一次的师生数 / 近三年职业学校师生注册总数 ×100%

数据来源：国家职业教育智慧教育平台数据

9. 智慧教育平台课程资源有效应用率（%）

定义：智慧教育平台课程资源有效应用率，是指当年国家职业教育智慧教育平台点击达到一定数量的课程资源数占该平台课程资源总数的比例。其中，通识课点击 1 万次以上的课程纳入计算，专业课按各专业大类在校生比例计算，即农林牧渔大类超过 330 次、资源环境与安全大类超过 103 次、能源动力与材料大类超过 66 次、土木建筑大类超过 569 次、水利大类超过 24 次、装备制造大类超过 1020 次、生物与化工大类超过 61 次、轻工纺织大类超过 74 次、食品药品与粮食大类超过 108 次、交通运输大类超过 858 次、电子与信息大类超过 1710 次、医药卫生大类超过 1183 次、财经商贸大类超过 1442 次、旅游大类超过 434 次、文化艺术大类超过 596 次、新闻传播大类超过 86 次、教育与体育大类超过 1117 次、公安与司法大类超过 71 次、公共管理与服务大类超过 148 次的课程纳入计算。

公式：智慧教育平台课程资源有效应用率＝当年国家职业教育智慧教育平台点击达到一定数量的课程资源数 / 该平台课程资源总数 ×100%

数据来源：国家职业教育智慧教育平台数据

10. 智慧教育平台教育资源推送触达率（%）

定义：智慧教育平台教育资源推送触达率，是指当年国家职业教育智慧教育平台推送资源被用户点击的数量占该平台推送资源总数的比例。

公式：智慧教育平台教育资源推送触达率＝当年国家职业教育智慧教育平台推送资源的用户点击数 / 该平台推送资源总数 ×100%

数据来源：暂无

11. 混合式教学在教师中的普及率（%）

定义：混合式教学在教师中的普及率，是指当年使用过混合式教学的职业学校教师数占职业学校教师总数的比例。

公式：混合式教学在教师中的普及率＝当年使用过混合式教学的职业学校教师数 / 职业学校教师总数 ×100%

数据来源：高等教育出版社相关平台数据、教育部发展规划司教育事业统计数据

12. 虚拟仿真教学资源建设率 (%)

定义：虚拟仿真教学资源建设率，是指建设有虚拟仿真教学资源的职业学校数占职业学校总数的比例。

公式：虚拟仿真教学资源建设率＝建设有虚拟仿真教学资源的职业学校数／职业学校总数 ×100%

数据来源：暂无

13. 在线个性化学习普及率（%）

定义：在线个性化学习普及率，是指利用网络学习空间开展个性化学习的职业学校学生数占职业学校学生总数的百分比。

公式：在线个性化学习普及率＝利用网络学习空间开展个性化学习的职业学校学生数／职业学校学生总数 ×100%

数据来源：教育部教育信息化战略研究基地（华中）2021 年全国教育信息化发展状况调研数据

14. 教师网络研修普及率（%）

定义：教师网络研修普及率，是指利用网络学习空间开展网络研修的职业学校专任教师数占职业学校专任教师总数的百分比。

公式：教师网络研修普及率＝利用网络学习空间开展网络研修的职业学校专任教师数／职业学校专任教师总数 ×100%

数据来源：教育部教育信息化战略研究基地（华中）2021 年全国教育信息化发展状况调研数据

15. 数字化学习评价覆盖率（%）

定义：数字化学习评价覆盖率，是指国家职业教育智慧教育平台课程资源库中具有在线考试的课程资源数占课程资源总数的比例。

公式：数字化学习评价覆盖率＝国家职业教育智慧教育平台课程资源库中具有在线考试的课程资源数／该平台课程资源总数 ×100%

数据来源：国家职业教育智慧教育平台数据

16. 数字化教学督导普及率（%）

定义：数字化教学督导普及率，是指开通在线教务督导巡课的职业学校数占在线平台注册职业学校总数的比例。

公式：数字化教学督导普及率＝开通在线教务督导巡课的职业学校数／在线平台注册职业学校总数 ×100%

数据来源：高等教育出版社相关平台数据

17. 职业教育基础数据覆盖率（%）

定义：职业教育基础数据覆盖率，是指已采集入库的职业学校的学生基础数据（主要包括学生基本信息、学籍信息、学习经历信息、学生资助信息和毕业就业信息等）、教师基础数据（包括在职教师的基本信息、工作信息、考核信息、学习经历信息、奖惩信息、简历信息等）、学校基础数据（包括学校基本信息、校舍信息、经费信息、条件装备信息、教学科研信息等）占所有职业学校在校学生、在职教师及职业学校的数量比例。

公式：职业教育基础数据覆盖率＝学生基础数据覆盖率 × 权重＋教师基础数据覆盖率 × 权重＋学校基础数据覆盖率 × 权重（学生基础数据覆盖率＝学生学籍数据库注册学生数／在校学生总数 ×100%；教师基础数据覆盖率＝教师信息管理数据库注册教师数／在职教师总数 ×100%；学校基础数据覆盖率＝学校办学条件数据库注册学校数／学校总数 ×100%）

数据来源：教育部职业教育与成人教育司业务统计数据

18. 数字化学校状态监测普及率（%）

定义：数字化学校状态监测普及率，是指进入人才培养工作状态数据库的职业学校数占职业学校总数的比例。

公式：数字化学校状态监测普及率 = 已进入省、地市、区县教育行政主管部门教育信息化管理平台职业学校数 / 职业学校总数 ×100%

数据来源：各省（区、市）教育厅（局、委）统计报送数据

19. 校级管理信息系统管理功能健全率（%）

定义：校级管理信息系统管理功能健全率，是指学校管理信息系统拥有资产、总务、教师、学生、健康等管理功能的职业学校数占职业学校总数的比例。

公式：校级管理信息系统管理功能健全率 = 建有资产、总务、教师、学生、健康等功能的管理信息系统的职业学校数 / 职业学校总数 ×100%

数据来源：教育部教育信息化战略研究基地（华中）2021 年全国教育信息化发展状况调研数据

20. 具备教师教学信息技术常态化应用制度的学校比例（%）

定义：具备教师教学信息技术常态化应用制度的学校比例，是指已构建教师教学信息技术常态化应用推进机制的职业学校数占职业学校总数的比例。

公式：具备教师教学信息技术常态化应用制度的学校比例 = 已构建教师教学信息技术常态化应用推进机制的职业学校数 / 职业学校总数 ×100%

数据来源：教育部教育信息化战略研究基地（华中）2021 年全国教育信息化发展状况调研数据

21. 建立信息化工作和管理制度的学校比例（%）

定义：建立信息化工作和管理制度的学校比例，是指已经建立专门的信息化工作与管理制度的职业学校数占职业学校总数的比例。

公式：建立信息化工作和管理制度的学校比例 = 已经建立专门的信息化工作与管理制度的职业学校数 / 职业学校总数 ×100%

数据来源：教育部科学技术与信息化司业务统计数据

22. 具备网络安全管理制度的学校比例（%）

定义：具备网络安全管理制度的学校比例，是指已经按照《中华人民共和国网络安全法》的要求建立了健全的网络安全责任体系及专门的网络安全管理制度的职业学校数占职业学校总数的比例。

公式：具备网络安全管理制度的学校比例 = 建立了健全的网络安全责任体系及专门的网络安全管理制度的职业学校数 / 职业学校总数 ×100%

数据来源：教育部科学技术与信息化司业务统计数据

23. 学生数字素养合格率（%）

定义：学生数字素养合格率，是指数字素养测评达到合格水平的职业学校学生数占参加学生数字素养测评的职业学校学生总数的比例。

公式：学生数字素养合格率 = 数字素养测评达到合格水平的职业学校学生数 / 参加学生数字素养测评的职业学校学生总数 ×100%

数据来源：暂无

24. 数字化相关专业在校生比例（%）

定义：数字化相关专业在校生比例，是指职业学校中修读电子与信息等数字化相关专业的在校生数占职业学校在校生总数的比例。

公式：数字化相关专业在校生比例 = 职业学校数字化相关专业在校

生数／职业学校在校生总数 ×100%

数据来源：教育部发展规划司教育事业统计数据

25.学生终身学习能力水平

定义：学生终身学习能力水平，是指职业学校学生在智慧教育环境下形成的终身学习态度意识、自我管理、思维品质、适变能力等方面的特征表现和发展水平。

公式：暂无

数据来源：暂无

26.数字化相关专业毕业生对口就业率（%）

定义：数字化相关专业毕业生对口就业率，是指职业教育数字化相关专业毕业生进入数字经济主要行业从业的人数占职业教育数字化相关专业毕业生进入就业市场的总人数的比例。

公式：数字化相关专业毕业生对口就业率 ＝ 职业教育数字化相关专业毕业生进入数字经济主要行业从业的人数／职业教育数字化相关专业毕业生进入就业市场的总人数 ×100%

数据来源：中等职业学校学生信息管理系统、高等职业院校人才培养工作状态数据采集与管理平台

27.数字化人力资本水平

定义：数字化人力资本水平，是指16—74岁人口的数字技能水平，由互联网用户技能、高级技能发展两个维度的五个指标计算得出。

公式：采用欧盟委员会《数字经济与社会指数》系列报告中的测算结果。

数据来源：欧盟委员会《数字经济与社会指数》系列报告

附录四

中国智慧教育发展指数（高等教育）指标说明

1. 接入互联网的学校比例（％）

定义：接入互联网的学校比例，是指接入互联网的普通高校数占普通高校总数的百分比。

公式：接入互联网的学校比例 ＝ 接入互联网的普通高校数 / 普通高校总数 ×100%

数据来源：教育部发展规划司教育事业统计数据

2. 无线网络全覆盖的学校比例（％）

定义：无线网络全覆盖的学校比例，是指学校内教学、活动和办公等场所均接入无线网络的普通高校数占普通高校总数的百分比。

公式：无线网络全覆盖的学校比例 ＝ 无线网络全覆盖的普通高校数 / 普通高校总数 ×100%

数据来源：教育部发展规划司教育事业统计数据

3. 网络多媒体教室占教室总数的比例（％）

定义：网络多媒体教室占教室总数的比例，是指普通高校建有的网络多媒体教室数占普通高校教室总数的百分比。网络多媒体教室指接入互联网或校园网，并可实现数字教育资源等多媒体教学内容向全体学生展示功能的教室。

公式：网络多媒体教室占教室总数的比例 = 普通高校建有的网络多媒体教室数 / 普通高校教室总数 ×100%

数据来源：教育部发展规划司教育事业统计数据

4. 公共数字高等教育资源量（条）

定义：公共数字高等教育资源量，是指在国家高等教育智慧教育平台及其关联子平台上开放共享的数字化高等教育资源总量。

公式：公共数字高等教育资源量 = 国家高等教育智慧教育公共服务平台及其关联子平台的数字教育资源总量

数据来源：国家高等教育智慧教育平台数据

5. 公共数字化课程资源量（门）

定义：公共数字化课程资源量，是指普通高校在公共平台上开放共享的慕课、资源共享课程和视频公开课等数字化课程资源总量。

公式：公共数字化课程资源量 = 普通高校在公共平台上开放共享的数字化课程资源总门数

数据来源：教育部科学技术与信息化司教育信息化工作（业务）管理信息系统数据

6. 智慧校园建设中新一代信息技术的应用率（%）

定义：智慧校园建设中新一代信息技术的应用率，是指在智慧校园建设中应用物联网、云计算、大数据、人工智能、虚拟现实 / 增强现实、5G、区块链等新一代信息技术的普通高校数占普通高校总数的百分比。

公式：智慧校园建设中新一代信息技术的应用率 = 在智慧校园建设中应用新一代信息技术的普通高校数 / 参与调查的普通高校总数 ×100%

数据来源：教育部教育信息化战略研究基地（华中）2021 年全国教

育信息化发展状况调研数据

7. 教师数字素养合格率（%）

定义： 教师数字素养合格率，是指普通高校教师参加数字素养水平测试成绩合格的教师数占当年参加测试的教师总数的百分比。

公式： 教师数字素养合格率 = 参加数字素养水平测试成绩合格的教师数 / 当年参加测试的教师总数 ×100%

数据来源： 暂无

8. 数字化课程资源有效使用率（%）

定义： 数字化课程资源有效使用率，是指国家高等教育智慧教育平台上有效使用的数字化课程资源量占课程资源总量的百分比。

公式： 数字化课程资源有效使用率 = 国家高等教育智慧教育平台上有效使用的数字化课程资源量 / 国家高等教育智慧教育平台上的课程资源总量 ×100%

数据来源： 国家高等教育智慧教育平台数据

9. 公共数字教育平台用户活跃度（次/人）

定义： 公共数字教育平台用户活跃度，是指国家高等教育智慧教育平台的页面访问量（PV）与独立访问用户数（UV）的比值。

公式： 公共数字教育平台用户活跃度 = 国家高等教育智慧教育平台页面访问量（PV）/ 国家高等教育智慧教育平台独立访问用户数（UV）

数据来源： 国家高等教育智慧教育平台数据

10. 混合式教学普及率（%）

定义： 混合式教学普及率，是指每年度开展混合式教学活动的普通高校数占普通高校总数的百分比。

公式：混合式教学普及率 = 开展混合式教学活动的普通高校数 / 参与调查的普通高校总数 ×100%

数据来源：教育部高等学校科学研究发展中心高校教育信息化大数据及监测系统数据

11. 大数据中心支持课堂教学的普及率（%）

定义：大数据中心支持课堂教学的普及率，是指校级大数据中心支持课程实施情况跟踪、教学质量分析的普通高校数占普通高校总数的百分比。

公式：大数据中心支持课堂教学的普及率 = 校级大数据中心支持课程实施情况跟踪、教学质量分析的普通高校数 / 参与调查的普通高校总数 ×100%

数据来源：教育部教育信息化战略研究基地（华中）2021 年全国教育信息化发展状况调研数据

12. 境外平台慕课开放共享率（%）

定义：境外平台慕课开放共享率，是指普通高校在境外平台开放共享的慕课数量占普通高校慕课总数的百分比。

公式：境外平台慕课开放共享率 = 普通高校在境外平台开放共享的慕课数量 / 普通高校慕课总数 ×100%

数据来源：教育部科学技术与信息化司教育信息化工作（业务）管理信息系统数据

13. 人工智能技术辅助教学应用率（%）

定义：人工智能技术辅助教学应用率，是指使用人工智能技术辅助教学手段（AI 助教等）进行教学的普通高校数占普通高校总数的百分比。

公式：人工智能技术辅助教学应用率＝使用人工智能技术辅助教学手段进行教学的普通高校数／参与调查的普通高校总数 ×100%

数据来源：教育部教育信息化战略研究基地（华中）2021 年全国教育信息化发展状况调研数据

14. 数字化过程评价普及率（%）

定义：数字化过程评价普及率，是指应用大数据、人工智能等技术开展学生学情分析、学生发展预测和预警、课堂专注度分析等数字化过程评价的普通高校数占普通高校总数的百分比。

公式：数字化过程评价普及率＝开展数字化过程评价的普通高校数／参与调查的普通高校总数 ×100%

数据来源：教育部教育信息化战略研究基地（华中）2021 年全国教育信息化发展状况调研数据

15. 网络在线课程学分认定的学校比例（%）

定义：网络在线课程学分认定的学校比例，是指能够进行在线课程学分认定的普通高校数占普通高校总数的百分比。

公式：网络在线课程学分认定的学校比例＝能够进行在线课程学分认定的普通高校数／参与调查的普通高校总数 ×100%

数据来源：教育部高等教育司业务统计数据

16. 校级数据中心覆盖率（%）

定义：校级数据中心覆盖率，是指建有校级数据中心的普通高校数占普通高校总数的百分比。

公式：校级数据中心覆盖率＝建有校级数据中心的普通高校数／普通高校总数 ×100%

数据来源：教育部科学技术与信息化司教育信息化工作（业务）管理信息系统数据

17. 学校信息系统实现数据统筹管理的覆盖率（%）

定义：学校信息系统实现数据统筹管理的覆盖率，是指校级信息系统能够实现学校及资产类、学生类、教师类、教务类、教学类、总务类数据统筹管理的普通高校数占普通高校总数的百分比。

公式：学校信息系统实现数据统筹管理的覆盖率 = 校级信息系统能够实现数据统筹管理的普通高校数 / 普通高校总数 ×100%

数据来源：教育部科学技术与信息化司教育信息化工作（业务）管理信息系统数据

18. 一站式校务管理服务普及率（%）

定义：一站式校务管理服务普及率，是指能够提供一站式校务管理服务的普通高校数占普通高校总数的百分比。

公式：一站式校务管理服务普及率 = 能够提供一站式校务管理服务的普通高校数 / 参与调查的普通高校总数 ×100%

数据来源：教育部高等学校科学研究发展中心高校教育信息化大数据及监测系统数据

19. 建立信息化工作和管理制度的学校比例（%）

定义：建立信息化工作和管理制度的学校比例，是指已建立专门的信息化工作和管理制度的学校占比。

公式：建立信息化工作和管理制度的学校比例 = 已建立专门的信息化工作和管理制度的学校数 / 普通高校总数 ×100%

数据来源：教育部科学技术与信息化司教育信息化工作（业务）管

理信息系统数据

20. 数字化科研服务普及率（%）

定义： 数字化科研服务普及率，是指能够实现科研项目协作交流、科研实验数据共享、大型仪器设备网上预订、科学文献共享、高性能计算等数字化科研服务的普通高校数占普通高校总数的百分比。

公式： 数字化科研服务普及率 = 能够实现数字化科研服务的普通高校数 / 参与调查的普通高校总数 ×100%

数据来源： 教育部高等学校科学研究发展中心高校教育信息化大数据及监测系统数据

21. 公共平台数字化就业服务覆盖率（%）

定义： 公共平台数字化就业服务覆盖率，是指使用"国家大学生就业服务平台——24365 校园招聘服务"的普通高校毕业生数占普通高校毕业生总数的百分比。

公式： 公共平台数字化就业服务覆盖率 = 使用"国家大学生就业服务平台——24365 校园招聘服务"的普通高校毕业生数 / 普通高校毕业生总数 ×100%

数据来源： "国家大学生就业服务平台——24365 校园招聘服务"数据

22. 具备网络安全管理制度的学校比例（%）

定义： 具备网络安全管理制度的学校比例，是指已经按照《中华人民共和国网络安全法》等相关法律法规的要求建立了健全的网络安全责任体系及专门的网络安全管理制度的普通高校比例。

公式： 具备网络安全管理制度的学校比例 = 建立了健全的网络安全责任体系及专门的网络安全管理制度的普通高校数 / 普通高校总数 ×100%

数据来源：教育部科学技术与信息化司教育信息化工作（业务）管理信息系统数据

23. 数字化相关学科毕业生比例（%）

定义：数字化相关学科毕业生比例，是指高等教育毕业生中科学（S）、技术（T）、工程（E）与数学（M）等数字化相关学科学生比例。

公式：数字化相关学科毕业生比例 = 高等教育 STEM 学科毕业生数 / 高等教育毕业生总数 ×100%

数据来源：教育部发展规划司教育事业统计数据

24. 毕业生数字素养水平测试合格率（%）

定义：毕业生数字素养水平测试合格率，是指普通高校毕业生参加数字素养水平测试成绩合格的学生数占当年毕业生总数的百分比。

公式：毕业生数字素养水平测试合格率 = 普通高校毕业生参加数字素养水平测试成绩合格的学生数 / 当年参加测试的毕业生总数 ×100%

数据来源：暂无

25. 学生终身学习能力水平

定义：学生终身学习能力水平，是指高等教育学生在智慧教育环境下形成的终身学习态度意识、自我管理、思维品质、适变能力等方面的特征表现和发展水平。

公式：暂无

数据来源：暂无

26. 经济活动人口的数字技能水平

定义：经济活动人口的数字技能水平，是指经济活动人口在多大程度上拥有数字技能（如计算机技能、基本编码、数字阅读等），由世界经济论坛"管理者意见调研"（Executive Opinion Survey）中面向企业高级管理人员的问卷调查得出。

公式：采用世界经济论坛《2019 年全球竞争力报告》中的测算结果

数据来源：世界经济论坛《2019 年全球竞争力报告》

后　记

作为国家教育智库，中国教育科学研究院汇聚国内外实践和研究成果，广泛征求各方意见，凝聚共识形成了《中国智慧教育蓝皮书（2022）》及 2022 年中国智慧教育发展指数报告，首度系统总结中国智慧教育发展进程，向世界展示智慧教育的中国理念、中国标准、中国方案、中国主张。2023 年 2 月 13 日，在教育部与中国联合国教科文组织全国委员会举办的世界数字教育大会上，中国教育科学研究院正式向海内外发布上述系列研究成果。本书为该系列研究成果的合编本。

本项研究由中国教育科学研究院牵头，教育部办公厅、科学技术与信息化司提供指导，中国教科院科研管理处和未来教育研究所总协调，集合未来教育研究所、教育统计分析研究所、基础教育研究所、职业教育与继续教育研究所、高等教育研究所、教育战略与宏观政策研究所、教育评价与督导研究所、比较教育研究所 8 个研究所的力量组建课题组，在汇聚国内研究力量、借鉴国际研究成果的基础上，编制完成了此项原创性研究成果。

研究坚持科学系统设计，开展有组织科研，形成"1+1+3"研究成果，即中国智慧教育蓝皮书（本书上篇）、中国智慧教育发展指数报告以及 3 个分领域（基础教育、职业教育、高等教育）智慧教育发展指数报告（本书下篇）。上述研究成果互为关联支撑，组成一个完整体系。蓝皮书力求科学界定智慧教育的内涵与特征，为构建智慧教育发展指标体系提供理论支撑。指数报告充分吸收国内外代表性研究成果，围绕智慧教育内涵特征设计指标体系，对中国智慧教育发展水平进行了测算分析。在此基础上，根据不同类型教育特点和实际情况，分别构建了基础教育、职业教育、高等教育3个分领域指标体系，并测算了各领域智慧教育发展指数，形成了3个分领域报告。

系列成果在研究过程中参考了大量国内外文献，课题组分赴全国6个试验省开展实地调研，对接15个有关司局、单位，以及教育部教育信息化战略研究基地（华中）全面收集信息数据。中国教育科学研究院将系列成果的讨论稿印送部内31个有关司局、单位征集意见，同时委托中国教育学会、中国高等教育学会、中国职业技术教育学会、中国教育国际交流协会，征集了200余位国内外专家意见，对所有反馈意见认真研究、吸纳并对成果进行修订完善。成稿期间，课题组积极拓展渠道和办法，全面收集各类信息数据，增强数据的可获得性和丰富性，力图全面准确界定智慧教育内涵，反映中国智慧教育的发展进程和现实状态。

报告编写过程中，中华人民共和国教育部部长怀进鹏高度重视此项工作，连续对本项研究进行了集中部署，并亲临中国教育科学研究院开展实地调研与座谈。时任副部长田学军、现任副部长王嘉毅对报告给予了重要指导。

本系列研究成果的执笔人员包括：中国教育科学研究院李永智、崔保师、马陆亭、刘贵华，中国教育科学研究院未来教育研究所王蕊、曹培杰、许海霞、梁彦、左晓梅，教育统计分析研究所马晓强、祝新宇、魏铁娜、罗李、金龙、马筱琼，基础教育研究所李铁安、徐金海、包昊罡、王轶晰、李振文、俞向军，职业教育与继续教育研究所王新波、王纾、赵晶晶、王春燕、王敬杰、杜云英、宗诚，高等教育研究所张男星、王春春、刘琳、桂庆平、饶燕婷、翁秋怡，教育战略与宏观政策研究所吴霓、张伟、黄颖、王学男，教育评价与督导研究所张宁娟、程蓓、郝静、王钰彤，比较教育研究所王素、秦琳、张永军、康建朝、吴云雁、苏红、赵迎结、张珊。

在数据提供方面，教育部办公厅主任王光彦、科学技术与信息化司司长雷朝滋以及各相关司局、单位的领导和同事提供了关键支持与保障。为本研究提供数据的其他机构包括：发展规划司、财务司、基础教育司、职业教育与成人教育司、高等教育司、教育督导局（国务院教育督导委员会办公室）、教师工作司、高校学生司、教育部高等学校科学研究发展中心、教育部教育技术与资源发展中心（中央电化教育馆）、教育部教育质量评估中心、高等教育出版社，以及教育部教育信息化战略研究基地（华中）。

报告成稿过程中征集了两轮共计 31 个教育部相关司局、单位的意见建议，包括：教育部办公厅、政策法规司、发展规划司、综合改革司、人事司、财务司、教材局、基础教育司、校外教育培训监管司、职业教育与成人教育司、高等教育司、教育督导局（国务院教育督导委员会办公室）、民族教育司、教师工作司、体育卫生与艺术教育司、思想政治工作司、社会科学司、科学技术与信息化司、高校学生司、学位管理与研究生教育司（国务院学位委员会办公室）、语言文字应用管理司、语言文字信息管理司、国际合作与交流司（港澳台办公室）、机关党委、中国联合国教科文组织全国委员会秘书处、驻部纪检监察组、教育部高等学校科学研究发展中心、教育部教育技术与资源发展中心（中央电化教育馆）、教育部教育管理信息中心、教育部教育质量评估中心、高等教育出版社。

报告成稿过程中，课题组先后咨询了国内外教育技术学专家、教育学专家、教育实践领导者、计算机技术 / 信息技术 / 人工智能 / 数字技术专家、数字化相关产业企业家等共计 200 余人。国内专家包括武汉理工大学校长杨宗凯、北京师范大学教育学部教授黄荣怀、华东师范大学教育学部教授祝智庭、联合国教科文组织教师教育中心主任张民选、西北师范大学教育技术学院院长郭绍青、华东师范大学教育学部主任袁振国、北京市人民政府副市长刘宇辉、上海市教育委员会主任王平、浙江省教育厅厅长毛宏芳、中国移动通信集团有限公司副总裁赵大春、讯飞教育技术研究院院长刘邦奇、华为战略研究院教育信息化负责人孟瑜、之江实验室智能教育研究中心主任黄宝忠等。国际专家包括世界职业院校与技术大学联盟（World Federation of Colleges and Polytechnics）主席多恩·沃德（Dawn Ward）、加拿大应用技术与职业教育学院联盟（Colleges and Institutes of Canada）主席丹尼斯·阿米奥特（Denise Amyot）、澳大利亚博士山学院（Box Hill Institute）教师团队负责人德布·西特玛（Deb Sytema）、德国莱茵TÜV集团（TÜV Rheinland Akademie GmbH）职业教育总监胡翰林（Carlo Humberg）等。

参与组织和协调系列研究工作的中国教育科学研究院人员包括：科研管理处处长王小飞，副处长孟照海、王晓宁，陈柳、闫丽雯、孔令军；办公室主任李晓强，副主任王玉国、郝春娥，唐冉、曹宇；国际交流合作处（港澳台办公室）处长马凯，副处长王婷婷，徐晖、徐匆匆、陈贵宝等。教育科学出版社负责报告审校、装帧设计、印刷以及中英文版本的出版工作，主要参与人员包括社长兼总编辑郑豪杰、学术著作编辑部主任翁绮睿、设计部主任刘玉丽等。

理论和实践都证明，中国智慧教育发展具有坚实基础和鲜明特色，注重以人为本、办人民满意教育的价值引领，注重有教无类、因材施教、知行合一等中国教育思想的传承发展，注重自上而下宏观推进和自下而上生态建设的有机结合。中国教育科学研究院围绕上述理论和实践成果，注重理论原创、突出实践概括、对接国际话语，形成一套富有专业性、科学性、引领性、权威性的高质量研究报告。期待系列报告能够为国内外智慧教育领域的研究者、决策者、实践者提供启示和借鉴。未来，《中国智慧教育发展报告》拟以年度为单元连续发布出版，持续追踪动态、总结经验，将根据各年度智慧教育推进情况确定当年报告的主题，以期凝聚共识、引领发展。最后，再次向给予系列研究成果帮助支持的机构、专家和同事致以衷心感谢！

中国智慧教育蓝皮书及智慧教育发展指数研究课题组